CHARLES DE FOUCAULD
Um novo olhar

Pedro Paulo Scandiuzzi

CHARLES DE FOUCAULD
Um novo olhar

Edições Loyola

Dados Internacionais de Catalogação na Publicação (CIP)
(Câmara Brasileira do Livro, SP, Brasil)

Scandiuzzi, Pedro Paulo
Charles de Foucauld : um novo olhar / Pedro Paulo Scandiuzzi.
-- São Paulo, SP : Edições Loyola, 2022. -- (Sabedoria para o nosso tempo)

Bibliografia.
ISBN 978-65-5504-179-8

1. Foucauld, Charles de, 1858-1916 2. Igreja Católica - Clero - Biografia 3. Vida espiritual - Igreja Católica I. Título. II. Série.

22-110603   CDD-922.22

Índices para catálogo sistemático:
1. Beatos : Igreja Católica : Biografia   922.22

Eliete Marques da Silva - Bibliotecária - CRB-8/9380

Preparação: Fernanda Guerriero Antunes
Capa e diagramação: Viviane Bueno Jeronimo
Composição sobre a imagem de Charles de Foucauld. Fonte: https://commons.wikimedia.org/wiki/File:Charles_de_Foucauld.jpg
Revisão: Maria Teresa Sampaio

Edições Loyola Jesuítas
Rua 1822 nº 341 – Ipiranga
04216-000 São Paulo, SP
T 55 11 3385 8500/8501, 2063 4275
editorial@loyola.com.br
vendas@loyola.com.br
www.loyola.com.br

Todos os direitos reservados. Nenhuma parte desta obra pode ser reproduzida ou transmitida por qualquer forma e/ou quaisquer meios (eletrônico ou mecânico, incluindo fotocópia e gravação) ou arquivada em qualquer sistema ou banco de dados sem permissão escrita da Editora.

ISBN 978-65-5504-179-8

© EDIÇÕES LOYOLA, São Paulo, Brasil, 2022

Sumário

Introdução
O vento nos trouxe informações 7

Capítulo I
O início de uma vida 13

Capítulo II
Outras poeiras com folhas chegaram... 43

Capítulo III
O redemoinho se aproxima 53

Capítulo IV
Depois do redemoinho... a calmaria 73

Capítulo V
Após a tempestade tudo silencia... 91

Capítulo VI
O que restou da tempestade 131

Conclusão 137

Referências 143

Introdução
O vento nos trouxe informações

Mais de um século se passou. Os dias voam, mas o vento continua trazendo notícias daquele que viveu no silêncio, na obscuridade, na abjeção, na busca do último lugar. Esse sopro se alastra e, em todas as direções, carrega mensagens de locais escondidos e praticamente inabitáveis para os grandes centros urbanos e a pessoas de todos os níveis culturais que vivem neste planeta.

Recuperar o que o vento levou e trouxe não é tão simples, contudo nem por isso menos interessante e necessário.

Cada página, cada linha, cada fala, cada silêncio a respeito do que aconteceu e de com quem aconteceu, tal qual uma força, atraiu e lançou sementes durante esses muitos anos de nosso período histórico e faz com que possamos nos interrogar: "Quem seria este ser humano que conseguiu tal ousadia de trazer um novo jeito, uma nova maneira de servirmos ao Pai na construção do Reino de Deus?".

Uma das falas que chegou até nós foi a de Melle Titre, ex-namorada de Charles de Foucauld, com quem fez planos para o futuro logo após ele retornar de sua exploração ao Marrocos, em 1885. Em 1927, ela o descreveu como um jovem normal de 25 anos, muito companheiro, que realizou sua viagem àquele país como pesquisador no florescer de uma juventude perfeita e saudável. De acordo com Melle Titre, Charles de Foucauld era um rapaz branco de 1,65 metro, de boa aparência, ombros largos, tamanho bem formado – nem gordo nem magro – e musculoso, o que o fazia aparentar ser maior do que de fato era.

A pele de Foucauld, ainda segundo ela, era de uma grande fineza e seu bigode dava-lhe certo charme. Seus olhos, de um negro aveludado, aparentavam ser orgulhosos, mas eram de uma doçura infinita que, por vezes, mostravam um brilho que denotava uma vontade indomável; expressando, ao mesmo tempo, sabedoria, seriedade, ternura ou reflexão profunda.

E por que esse homem se tornou conhecido mundialmente? Teria sido em razão de sua aparência?

Sua descrição física, tão bem-feita por sua ex-namorada, nos levou a refletir sobre o que aconteceu depois daquele namoro. Atrevo-me a contar um pouco da vida de Charles de Foucauld. Digo "atrevo-me" pois esse homem viveu uma experiência de Deus numa leveza tão surpreendente que acompanhou o vento que o empurrava, porém sem deixar de ser o humano que era. Ele teve a ousadia de buscar o seu lugar na história da humanidade de maneira criativa e inovadora, com seus muitos e variados relacionamentos humanos possíveis àquela época, cujo conteúdo até hoje não se conhece por completo, em razão da qualidade da sua comunicação. Também não temos acesso a todos os seus escritos, portanto redigir a biografia de alguém como Foucauld é desejar entrar no turbilhão de seus contatos e de sua tenacidade na busca por viver o indispensável a uma vida essencial, levada com toda a capacidade possível de um ser ao encontrar-se com o divino, o Deus de Abrão, de Isaac e de Jesus.

Utilizarei um recorte, que acredito ser pouco comum em uma biografia, retirado de vários documentos e livros que o leitor poderá consultar na lista de referências, ao fim destas páginas, se assim o desejar. Não mencionarei as fontes devido ao seguimento acadêmico que sigo, o do educador e filósofo brasileiro Paulo Freire.

Para este biografado, a relação humana era muito importante. Além de cultivar contatos pessoais, procurava ser fiel na comunicação escrita, sempre ampliando seu círculo de relacionamento. Essa qualidade de Foucauld foi marcante na vida do médico protestante Robert Herisson, com quem trabalhou de 1909 a 1911, e que veio a falecer com 93 anos de idade no dia 25 de abril de 1973. Certo dia, surpreso com a forma de Foucauld viver o seu cotidiano, Herisson observou que o colega recebeu mais de trinta cartas pelo correio, leu-as todas e, após as dispor em sua mesa de trabalho, como um jogo, respondeu a cada uma imediatamente. Segundo ele, Foucauld relacionava-se assim com o mundo exterior, sem deixar para mais tarde seu dever de cortesia. Cada missiva foi para Foucauld uma ocasião de reviver o sentimento de amizade e, após sua conversão, o sentimento religioso de seu correspondente.

Foucauld caminhava assim, respeitando a sua consciência, crítico diante das situações que o envolviam, com muita liberdade e respeito aos seres humanos, caráter e temperamento aprendidos no seio familiar, conforme veremos adiante. Essa leveza de espírito, porém, essa prontidão a obedecer a Deus, fez dele um homem exigente e inquieto quando tinha claro em seu ser a vontade do Senhor. Firme e sem medo, colocava em ação atitudes e solicitações até que a vontade do Altíssimo fosse realizada. Escreveu muitas cartas pedindo aos seus superiores religiosos, militares e do governo, que atendessem às suas solicitações. Não sossegava enquanto não fosse ouvido, mas era paciente ao aguardar a vontade de Deus. Carregava em si os dois lemas que seu confessor indicara: "sofrer e calar" e "confiança e esperança".

O único desejo de Charles de Foucauld após a sua primeira conversão, realizada aos 28 anos, era viver para que todas as pessoas conhecessem o REINO DE DEUS proposto pelo BEM-AMADO SENHOR JESUS. Ele viveu a vida na PAZ de Jesus, aquela PAZ que não nos deixa em paz até que estejamos no nosso verdadeiro lugar desejado pelo Pai, pois o AMOR é sempre inquietante e é necessário vivê-lo, mesmo com todas as nossas limitações.

Desde então, a vida de Foucauld foi uma contínua busca do último lugar, servindo a todos com os atos de bondade, na pobreza, na castidade, mas também com bastante firmeza quando precisava impor limites a comportamentos humanos indesejáveis aos valores cristãos, atos estes que nem sempre eram tão espontâneos assim.

O sopro do Espírito Santo o levou à África, à Argélia e ao Marrocos, antes de sua conversão, e, mais uma vez, especificamente para a Argélia após a sua ordenação sacerdotal. Terminou a vida junto ao povo tuaregue, nômades do deserto do Saara, no sul daquele país, e de outras nações do continente africano.

Ser nacionalista foi uma das características humanas que perseguiram Foucauld e que o vento do Espírito não conseguiu destruir. No entanto, por ser militar e francês, viveu seus últimos quinze anos na Argélia, país colonizado pela França, dedicando-se ao povo mulçumano (dividido em adeptos fiéis e aqueles que nada seguiam) e aos militares colonizadores (que eram ou católicos, ou protestantes ou sem religião).

Mesmo que se relacionasse com muitas pessoas, Charles de Foucauld teve dois grandes amigos – Gabriel e Laperrine, que, ao que me parece, eram seus conhecidos desde quando cursaram a Escola de Formação Militar Saint-Cyr –, os quais estiveram muito próximos a ele em vida. E foi Laperrine quem o incentivou a fixar-se entre os tuaregues, sendo aceito por seu chefe Mousa ag-Amastane. O local escolhido por ele contribuía para a expansão da colonização francesa, e o fato de ser religioso e nacionalista francês era perfeito naquela situação. Assim, seguiu sua vocação: servir a Deus e à França até sua morte.

Em 2016, completou-se um século do assassinato de Charles de Foucauld – o que, para Herisson, aconteceu para que a autoridade e o prestígio da França fossem diminuídos naquela região, e não por ele ser cristão e agir como adversário do Islã.

O vento continuou soprando. Seus escritos, antes espalhados pela ventania, estão sendo pouco a pouco recolhidos. Algumas pessoas também, ao juntar esses escritos espalhados pelo vento, decidiram colocar em prática o que aquelas palavras indicavam. E cada vez mais grupos e pessoas isoladas surgem seguindo os ensinamentos das folhas levadas pelo movimento contínuo do Espírito.

Sendo assim, a tentativa de reconstruir esse período da história com suas mudanças sociopolíticas, econômicas e religiosas não é tão simples. A ventania parecia um ciclone ou um tsunami. No entanto, coloco-me na expectativa de juntar as folhas e os ciscos que a mim chegaram para que a biografia de Charles de Foucauld seja ampliada para o conhecimento das pessoas que gostam de ler a respeito da construção da espiritualidade desenvolvida por esse personagem irrequieto, desobediente, criativo e inteligente, mas inteiramente livre, firme, e que soube fazer de seu Batismo cristão algo novo e corajoso na liberdade que Deus lhe deu e no sopro do Espírito Santo.

Vejamos agora, no próximo capítulo, os ciscos que chegaram de sua infância.

Capítulo I
O início de uma vida

O primeiro sinal de poeira e dos ciscos que chegaram com a ventania que trouxe dados de Foucauld é de que tudo começou no século XIX, mais precisamente no ano de 1858. Podemos dizer que toda história começa com o nascimento de uma pessoa? Ou o começo dela pode vir antes de uma criança chegar ao mundo, a partir de seus antepassados, num contexto retro-histórico?

Dizem que uma criança bem constituída e do sexo masculino nasceu em 1858 no berço de um lar cristão. Seu pai, Joseph François Édouard de Foucauld, tinha 35 anos quando resolveu casar-se com Marie Elisabeth Beaudet de Morlet, de 26 anos, na cidade de Estrasburgo, na França, no dia 16 de maio de 1855. A idade de ambos nos indica que, de acordo com os padrões daquela época, eles não eram tão novos quando resolveram consumar o casamento; sua maturidade, porém, contribuía para a formação de uma família cristã.

Seus avós maternos eram o coronel Charles de Morlet e Radolphine Laquiante. A avó materna morreu quando a mãe de Foucauld tinha 11 anos; o avô, então, casou-se em segundas núpcias com Amélie de Latouche, com quem não teve filhos. Seus avós paternos eram Charles Édouard Armand de Foucauld, já falecido quando os pais de nosso biografado se casaram, e Clotilde de Foucauld Belfoy, sua madrinha de Batismo.

Os pais de Foucauld tiveram um filho, primogênito, chamado Charles Marie François, nascido em 17 de julho de 1857, mas que veio a falecer no dia 16 de agosto do mesmo ano. Quatro meses após a morte da criança, Marie Elisabeth Beaudet de Morlet – conhecida na maioria dos livros biográficos de seu filho como "a senhora de Foucauld" – engravidou novamente, dando à luz Charles de Foucauld às 17 horas do dia 15 de setembro de 1858 em Estrasburgo, na França.

Foucauld foi batizado em casa e, dois dias depois, em uma igreja luterana cujo coro era católico, mas sua cerimônia de Batismo finalizou-se no dia 4 de novembro de 1858. Em janeiro de 1859, seus pais se mudaram para Wissembourg devido à remoção de Joseph François no trabalho de proteção à água e à floresta.

Joseph François Édouard de Foucauld, conhecido como Visconde de Foucauld de Pontbriand, era subinspetor das florestas e pertencia a uma família nobre de antigos cavaleiros de Perigord, a qual forneceu santos à Igreja e um grande número de bons servidores à França. Um de seus mais conhecidos biógrafos, Bazin, informou que Foucauld teve pelo menos doze antecedentes que caminharam na santidade. Percebemos aqui que o poder religioso – de ter a quem se referir – já o acompanhava havia bastante tempo, sendo bem vivido no seio dessa família. Sendo assim, no que se refere ao exemplo familiar, não é difícil entender por que Foucauld era patriota e buscou a santidade.

Três anos após o nascimento de Charles de Foucauld, o casal teve uma filha, a quem deram o nome de Marie, chamada por Foucauld de Mimi. Foi nesse período que a saúde de Joseph François começou a deteriorar, fazendo com que ele se mudasse para a casa de sua mãe, em Paris, a fim de facilitar o tratamento, deixando assim a mulher e os filhos na cidade onde moravam.

Foucauld viveu durante quatro anos em Wissembourg, cidade cujas lembranças são muitas. Lá, costumava fazer orações junto com a mãe pela manhã e, pela tarde, visitar as igrejas, depositando flores aos pés da cruz. Ia também ao presépio na época do Natal e às celebrações no mês de Maria. E se lembrará de seu pai: "Eu me vejo indo com o meu pai à igreja, que ficava longe".

Quando adulto, Foucauld se lembrará da primeira oração que aprendeu da boca de sua mãe:

O início de uma vida

Meus Deus, nós devemos cantar a vossa misericórdia: filho de uma mãe santa, eu aprendi com ela a vos conhecer, amar e a rezar. Minha primeira lembrança está na primeira oração que ela me ensinou a fazer pela manhã e à noite: "Meu Deus, abençoe o papai, a mamãe, o avô, a avó, e a avó Foucauld e a minha irmãzinha".

A oração supracitada nos dá indícios de que o avô Charles Édouard Armand de Foucauld já era falecido à época.

Charles de Foucauld recebeu formação cristã dada pelos pais até os 6 anos, em 1864, quando passou por uma série de sofrimentos iniciada com a morte de sua mãe em 13 de março de 1864; logo em seguida, no mesmo ano, faleceram seu pai – em 9 de agosto – e sua avó paterna – em 6 de outubro. Esse penar é por ele lembrado em fevereiro de 1892, quando escreveu a Duveyrier a respeito de sua relação com a morte:

> Na idade de 5 anos e meio, em 1864, eu perdi meu pai e minha mãe. A partir daí, fui educado por meu avô materno e pela segunda esposa de meu avô. Minha mãe era filha única. Minha irmã foi educada juntamente a mim por esses excelentes avós. M. de Morlet era um velho oficial de engenharia, aposentado na Alsácia, onde moramos durante a guerra. Após 1870, nos mudamos para Nancy, onde concluí meus estudos antes de entrar em Saint-Cyr. Em Saint-Cyr, eu vivi uma imensa dor com a perda de meu avô, cuja inteligência eu admirava.

Foucauld recebeu formação nos âmbitos religioso, de conhecimento intelectual e de organização pessoal no militarismo – um conjunto completo para que se tornasse muito humano. Essa formação não ficou apenas nas palavras, na razão, mas foi seguida de exemplos que ele viu nos pais, avós e parentes, sem deixar de guardar no coração as migalhas que vieram com o vento das notícias de seus antepassados que trilharam o caminho da santidade. O tratamento recebido pelos familiares era de extremo carinho e atenção, o que reflete em sua forma de escrever; uma formação fabulosa e muito rara. Foucauld foi uma criança feliz mesmo com tantas perdas familiares.

No entanto, nem sempre a vida transcorreu de maneira tão harmoniosa e sem percalços. Como já mencionado em parágrafos anteriores, Foucauld ficou órfão logo cedo. Com a morte dos pais e da avó paterna, ele e sua irmã Marie foram morar com os avós maternos e a sua formação cristã teve continuidade nesse novo lar. Foi, então, preparado para o sacramento da confirmação e para o sacramento da eucaristia, ambos feitos realizados em 28 de abril de 1872. Nessa data, Foucauld tinha quase 14 anos.

E, assim, a carta de fevereiro de 1892 a Duveyrier prossegue:

> Uma ternura infinita cercara minha infância e juventude em uma atmosfera de amor que me fazia sentir sempre calorosa emoção. Isso me trazia uma grande dor, e após meus 14 anos essa dor ficou mais viva. Minha boa avó, alguns anos antes, ficou doente e teve de internar-se em uma casa de saúde, onde morreu. Após a morte de meu avô, em 1878, minha irmã foi morar com minha tia, a Senhora Moitessier, irmã de meu avô que morava em Paris. A casa dela ficava longe de nossa casa. A bondade e o carinho que tinham por nós são infinitos. Você viu o meu passado, eu só encontrei bondade, carinho, afeto e reconhecimento. De 1878 a 1886, mal vi minha família e os poucos parentes que sabiam de minha vida, especialmente no primeiro período deste tempo, não valiam a pena. Quando voltei a Paris, em 1886, minha irmã não vivia mais lá, pois se casou e mudou para Borgonha. Mas eu encontrei na casa de minha tia o mesmo acolhimento, como se nunca tivesse deixado aquele lar, e recebi todo cuidado dos que me amam. Neste interior que se tornou meu, pois morava em outro local, eu encontrei o exemplo de todas as virtudes, juntamente com a

presença de altas inteligências e convicções religiosas profundas.

Dos 10 para os 11 anos, porém, Foucauld escreveu ao seu primo Adolphe Hallez: "Eu gosto de ir ao liceu, somente tem muito barulho na nossa classe e eu não entendo muitas palavras. Nosso professor é gentil e eu tomo com ele lições particulares. Estou em 8° lugar em História".

Desde novo, como percebemos nos dizeres dessa carta, Foucauld já desejava o silêncio para compreender a fala do outro – no caso, o professor. O hábito de escrever e relacionar-se com as pessoas parece ser uma característica própria de quem entendeu que a nossa vida é feita de relações que se constroem no dia a dia.

Podemos observar também quão impressionante é a preocupação que os familiares tiveram na formação de Foucauld.

Em Nancy, local onde desenvolveu melhor a literatura e a área de Humanas, ele estudou até os 16 anos. Seus familiares, então, o enviaram a Paris para continuar os estudos na Politécnica, pois assim ele desenvolveria melhor a área de Exatas, de que não gostava. A preocupação dos parentes estava em formá-lo melhor para prestar os exames que o levariam à universidade.

Mesmo com todo carinho e atenção recebido na família, Foucauld não deixou de passar pela crise da adolescência. Podemos percebê-la quando o rapaz tinha 15 anos.

É preciso falar de uma crise da adolescência no sentido atual do termo? Penso que não. Para iniciarmos a explicação sobre a crise pela qual Foucauld passou, temos de deixar claro que não foi vivida em sua casa. Ele não sentiu a rejeição de familiares, como geralmente acontece nessa idade: ao contrário, foi muito caseiro desde a sua infância e tinha um grande afeto por seus avós e toda a sua família. Também podemos declarar que essa crise não foi uma revolta contra os representantes da religião; não havia nada de anticlericalismo nele. Esse período de agitação, de dúvidas, não se reflete nos escritos do biografado, os quais parecem mostrar uma experiência de natureza íntima e profunda, de natureza existencial ou metafísica.

Alguns biógrafos chegam a dizer que a inteligência dele não pôde ser ultrapassada por nenhum de seus antecedentes familiares. Seu avô materno, conforme já mencionado, era coronel de engenharia aposentado, e tinha perto de 70 anos quando assumiu a educação de Charles de Foucauld, exigindo que ela fosse a melhor possível. Mesmo vivendo com os avós maternos, a sua vida não deve ter sido fácil. É claro que os tempos eram outros, o ritmo e os meios de comunicação eram mais difíceis. Acredito que a diferença de idade, também naquela época, mesmo que de menor intensidade, não facilitava a compreensão de mundo que o envolvia. Sem pai e sem mãe, e com os obstáculos nessas relações tão importantes para a idade – além de ser muito inteligente –, Foucauld não deixou de ter momentos de cólera, os quais devem ter continuado com o passar dos anos. Bazin contou-nos um episódio desse temperamento expresso durante a infância de Charles de Foucauld:

> Um dia, Carlos talhara e modelara num monte de areia uma fortaleza, com sua arquitetura completa de fossos, torres e caminhos de acesso. Alguém que estava próximo, julgando ser-lhe agradável, lembrou-se de colocar, na parte mais alta do forte, pedaços de vela acesa, e, nos fossos, batatas servindo de "bolas de canhão". Charles, supondo que estavam fazendo pouco dele, calcou aos pés a sua obra até que todos os vestígios desaparecessem. Depois, à noite, foi em todas as camas da casa e colocou nelas, debaixo dos lençóis, batatas que fizera passar muitas vezes pela areia.

Não consta a atitude dos avós em relação a esse comportamento infantil, mas podemos inferir que, sob uma orientação militar, não foi tão dócil e com suaves diálogos. Entretanto, essa inferência talvez não seja a verdadeira, pois Foucauld disse o seguinte em uma das suas cartas a Henri Duveyrier: "Sempre admirei a nobreza lúcida de meu avô, cuja infinita ternura rodeou meu tempo de infância, e na juventude uma atmosfera de amor de cujo carinho sempre me recordo com emoção".

A relação de diálogo e de compreensão entre Foucauld e o avô Morlet parecia muito fraterna e respeitável, a ponto de, em uma carta a Duveyrier, de 1892, e em um de seus retiros realizados em Nazaré, o de 8 de novembro de 1897, escrever sobre ele:

> Soube cercar a minha infância e a minha juventude de muito amor.
>
> Meu Senhor Jesus, quando eu comecei a me afastar de vós, com doçura me chamastes para vós pela voz de meu avô. Com misericórdia vós me impedistes de cair nos últimos excessos, conservando meu coração e minha ternura por ele...

Um mês após a morte do avô, Foucauld confiou a seu amigo Gabriel como via as relações familiares e os diferentes desejos que o avô Morlet tinha para com ele. E escreveu no dia 14 de agosto de 1901:

> Quando eu escrevi, tu me lembraste de toda uma época de minha vida passada; agora ainda resta uma boa e doce lembrança: esta vida tranquila, toda de família e de interior, os bons momentos que passamos juntos, nossas primeiras leituras, a felicidade e a calma que eu sentia perto do meu avô, tudo isto me vem ao espírito quando eu te escrevo. E essas lembranças são para mim de um encanto infinito [...]. Tu podes, como antigamente, viver feliz e tranquilo com os familiares e os livros. Para mim, não é a mesma coisa; eu fui apartado de um só golpe da minha família, do meu lar, da minha tranquilidade, e essa languidez que era doce, tudo isto, eu não encontrarei mais. Jamais eu serei feliz e tranquilo como fui em Nancy.

Logo em seguida à Primeira Comunhão, que fez com muito fervor, foi encaminhado a uma escola dirigida pelos padres da diocese de Estrasburgo na França e, depois, ao liceu. Entretanto, nesse período, surgiu a guerra e, pelo fato de seus avós serem militares, tiveram de mudar-se. Os netinhos foram refugiados na Alsácia e os avós se dirigiram para Berna. Segundo fontes biográficas, Foucauld "perdeu a fé" nessa época, em 1873, quase logo após a sua Primeira Comunhão e sua confirmação do Batismo, quando tinha 15 anos. Esse período de descrença durou treze anos. Alguns autores chegam a se perguntar se essa ausência de fé se deu porque a sua prima Marie começou a namorar Olivier e pouco a pouco foi se afastando dele. No entanto, pelos escritos, ela nunca se afastou dele, sempre o acompanhou em todo o seu trajeto de vida e o ajudou quando o rapaz precisou, mas também respeitou os momentos de silêncio nas relações de diálogo. Pode ser que na adolescência, porém, a maturidade emocional e afetiva tenha sido abalada, pois Marie se casou com Olivier em 11 de abril de 1874. Charles de Foucauld ia completar 16 anos. Teria Foucauld se sentido se abandonado, solitário?

Quando a situação de guerra findou, não podendo retornar a Estrasburgo, instalaram-se em Nancy e no liceu dessa cidade Foucauld começou a perder o hábito dos estudos regulares e a organização de seu tempo de atividades. Lentamente, então, deixou de frequentar os ritos religiosos, período conhecido como "perda da fé". Tempos depois, ele escreveu a sua prima Marie de Bondy, no dia 7 de junho de 1890, a respeito dessa época: "Se ainda estudava um bocadinho em Nancy, era porque me permitiam misturar aos estudos uma multidão de leitura que me incutiram, por um lado, o gosto pelo estudo; por outro, me fizeram o mal sobre o qual você sabe".

Desconhecemos de que mal ele trata, porém Foucauld escreveu o seguinte aos trapistas:

> Durante os últimos quatro anos desse período (1874-1878), todo o bem, todo bom sentimento, todo aspecto bom parece ter radicalmente se apagado de minha alma:

só restaram egoísmo, sensualidade, orgulho e os vícios com as suas consequências. Meus Deus, perdão! Perdão! Perdão! Todo este mal aconteceu tão rápido, apesar das grandes graças, apesar de um natural comportamento para o bem, ainda as consequências permanecem. Meus Deus, perdão! Perdão! Perdão! Veja como foi rápido, apesar das grandes graças, apesar de um comportamento para o bem, para mais longe a alma se afastou de vós, a única força de todos os bens, meu Senhor e meu Deus!

Ao dar continuidade a seus estudos, e na disciplina de retórica, como ele próprio afirmou, perdeu a fé. E, sem essa convicção de fé, Charles de Foucauld foi para o curso de Filosofia, piorando a sua condição de pessoa religiosa, cristã. Assim ele comentou:

> Se soubesses como todas as dúvidas que me atormentaram e que desviam tantos jovens do bom caminho estão tão claras e simplesmente resolvidas numa boa filosofia cristã! ... Quando o soube, houve no meu íntimo uma verdadeira revolução. Atiram, no entanto, as crianças para o mundo sem lhes fornecer as armas indispensáveis para combater os inimigos que se encontram dentro e fora delas, que as esperam ansiosamente à entrada da juventude. Os filósofos cristãos já resolveram há muito tempo, e com grande clarividência, todos esses problemas que angustiam febrilmente os jovens, e a estes não lhes passam pela cabeça que existe a resposta, clara e límpida, a dois passos deles.

Com essa experiência dolorosa, escreveu ao cunhado para que deixassem seus sobrinhos serem orientados somente por educadores cristãos. Assim, nas dúvidas e em sofrimentos existenciais pelos quais passou, terminou seu tempo de liceu, curioso por tudo, decidido a gozar os prazeres da vida, mas sobretudo muito triste.

Essa tristeza, que será duradoura, proveniente de um vazio profundo, levou Charles de Foucauld a dizer: "Eu fiquei doze anos sem nada desmentir e sem em nada crer, desesperado pela verdade e nem sequer crendo em Deus; nenhuma evidência me parecia suficientemente aceitável". E continuou em outro momento: "Eu estou na noite. Eu não vejo mais Deus nem os homens. Não há nada além de mim...".

Era um sentimento horrível, perda de todo sentido da vida, momento lembrado por ele no dia 17 de abril de 1892, aos 34 anos, quando então escreveu a sua prima Marie de Bondy: "Aos 17 anos, eu era puro egoísmo, pura vaidade, pura impiedade, puro desejo de fazer o mal. Estava como que enlouquecido...".

E assim, na dor e no sofrimento, como era de se esperar, em uma família de militares cristãos que aportam o patriotismo e defendem valentemente o país, o avô de Charles de Foucauld o orientou que entrasse para a vida militar e fosse para a Escola Politécnica. O rapaz, contudo, não quis ouvir esses conselhos por ter optado pela vida fácil, declarando com franqueza que essa sempre foi sua característica. Partiu, assim, para Paris, onde preparou-se para entrar na escola de Saint-Cyr.

Essa escolha, aparentemente mais fácil, exigia um curso preparatório para a seleção dos que desejavam ingressar na referida instituição. E ele o fez na Escola de Santa Genoveva, período muito difícil para a vida do jovem, descrito a um amigo da seguinte maneira:

> Aos 17 anos, eu começava o segundo ano vivendo na Rua do Correio. Nunca estive, segundo creio, num estado de espírito tão lastimável. Em certo sentido, portei-me muito pior noutros tempos, mas ainda algum bem florescia ao lado desse mal. Aos 17 anos, eu era puro egoísmo, pura vaidade, pura impiedade, puro desejo de fazer o mal. Estava como que enlouquecido... Na Rua do Correio, a indolência foi tal que não me mantiveram lá, e já lhe disse, meu caro amigo, que tinha encarado a minha partida, apesar dos meios empregados para não afligir meu avô, como uma destituição cuja causa não era somente a preguiça. Era tão livre e tão jo-

vem!... Aos 17 anos, causei muito desgosto ao meu avô, por me recusar a me esforçar, a ponto de no mês de fevereiro, creio eu, ainda não ter aberto o compêndio de geometria que deveria estudar todos os dias desde novembro. Escrevia-lhe quase sempre de dois em dois dias, e às vezes as cartas tinham quarenta páginas, em que pedia que me chamasse para Nancy, e todo o resto que meu amigo pode deduzir como resultante de um tal estado de loucura...

A leitura do texto anterior complementa os problemas mencionados por ele, os que acreditou ter causado na época de adolescência e juventude aos seus familiares e pessoas de seu relacionamento.

Antes da Páscoa de 1875, Foucauld pediu ao avô para adiantar suas férias diante do vazio que vivia. Ele disse sobre essa época:

> Mas isso é o suficiente sobre coisas do corpo, este trapo infame de que não devo nem tomar conta; mas todos espezinham este pano pobre por caridade. Quero pegá-lo; eu quero curar o meu corpo.

Vivia de preguiça e comilança, estava muito longe daquilo em que ele foi formado, e esses exageros compensam um pouco as suas feridas internas, escondidas. Estava abatido. Disse a Gabriel Tourdes que, das férias da Páscoa de 1875, apenas se lembraria de ter passado todas as tardes na cama fumando narguilé.

Mais tarde, recapitulando esses anos, ele falou o seguinte sobre esse período:

> Ganância e preguiça tomam tais proporções que elas formam minha característica distintiva e parecem repugnantes mesmo aos meus amigos, sensualidade extrema, algum desejo de bem, algum amor e verdadeira indiferença a tudo, exceto ao meu prazer.

Entretanto, Foucauld tinha um temperamento que seguia o ritmo e o movimento da vida e da liberdade, então era de se esperar que desse tempo não guardasse nenhuma boa recordação. Contudo, alguns mestres jesuítas o tinham admoestado e até ameaçado de expulsão ao ponto de lhe pedirem que deixasse a Rua do Correio. Por essas atitudes firmes, Charles de Foucauld descreveu a grande admiração que tinha por esses mestres, um grande bem diante das dúvidas e das incertezas a respeito da sua fé. Nesse período difícil, também pôde contar com as orações silenciosas de sua família, cujo carinho e cujos afetos o afagaram e deram o exemplo para que não perdesse totalmente a fé.

É gratificante ler as correspondências que ele e Mimi mantiveram nessa época. A irmã sempre descreveu com muito carinho e detalhes a situação de saúde do avô, dela e de todos os que visitam a família. As cartas deixaram tudo isso transparecer, além de colocá-lo a par das relações de amizade que a família mantinha com os vizinhos, parentes e amigos.

Vejamos uma de suas cartas:

> Sexta-feira à tarde
>
> (18 de janeiro de 1878)
>
> Meu querido Charles,
>
> Muito obrigada pelas tuas duas cartas, que nos deram uma grande alegria. Teus cigarros chegaram ontem, pagamos contra entrega 23 francos e dez centavos, mas a carta do despachante não chegou ainda.
>
> As discussões de Georges e de Edmond de Lagabbe divertem muito o nosso avô. A presença dos Latouche aqui o faz ficar muito bem, embora não tenha passado bem a noite. Você sabe que hoje é o aniversário de morte de nossa avó Laquiante, e amanhã será o aniversário de morte da mãe do avô.
>
> Aqui não tem grandes coisas de novo. George janta na cidade quase todos os dias. Ele foi convidado três

vezes para jantar amanhã. Marie pensa em partir dois dias antes dele; ela quer partir na próxima segunda, mas nós queremos impedi-la e nós achamos que ela ficará um pouco mais de tempo.

Teus livros do senhor Zeller chegaram; um é vermelho, como você sabe, o outro é verde. O que é que eu faço? Deixo-os aqui ou te envio?

De resto nada de novo, eu vou terminar minha carta; acredito que Marie quer te escrever; ela colocará a carta dela junto à minha.

Adeus, meu querido Charles. O avô, Georges e eu te abraçamos de todo coração. Marie não está aqui, eu creio que ela te escreve.

Mimi

Nós recebemos tua carta quinta-feira à tarde, muito obrigada – Nós enviaremos tudo que você nos pede.

Marie de Latouche não pode te escrever, isto ficará para um outro dia.

Até outro dia. Eu te abraço, meu velho, de todo o meu coração.

Como vemos, a irmã dele se refere àqueles que foram visitar o avô e às notícias dos conhecidos. Uma boa parte das pessoas se relaciona por meio de missivas e com muito carinho para com ele. É claro que em uma carta podemos não conhecer todos os personagens aludidos, mas os documentos biográficos sempre se referem a quem são; contudo, para este livro, não é necessário descrevê-los.

Charles de Foucauld, aos 18 anos – portanto, em 1876 –, submeteu-se às provas da Escolar militar Saint-Cyr. Bem travesso, tanto que se tornou, nessa escola, guloso e cético, quase foi reprovado no exame médico por causa da obesidade precoce e foi muito mal colocado, deixando o seu avô, o coronel de Morlet, muito triste.

O general Laperrine comentou a respeito dessa época:

> Muito astuto seria aquele que tivesse adivinhado, neste jovem cadete de Saint-Cyr, glutão e cético, o asceta e o apóstolo de hoje. Letrado e artista, empregava os momentos livres que os exercícios militares lhe deixavam para vadiar de lápis na mão ou para mergulhar na leitura dos antigos gregos e latinos. Quanto às matérias do curso, nem sequer olhava para elas, entregando-se à sua boa estrela para não se prejudicar.

Aos 20 anos, foi aprovado na Escola de Cavalaria de Saumur. Mesmo tendo passado em último lugar na seleção – foi o 87º colocado para as 87 vagas oferecidas –, estava muito feliz porque era o que ele queria. E passou em 4º lugar no batalhão de cavalaria, em Pont-à-Mousson.

Nessa época seu avô morreu, deixando toda a herança para ele. Foucauld buscou prazer na comida e nas festas, sendo chamado de "Gordo Foucauld". Era conhecido também como amante do prazer e da vida fácil, conseguindo revelar, no entanto, uma vontade forte e constante nos momentos difíceis. Ele mesmo escreveu em uma das suas cartas: "Durmo muito, como muito, penso pouco...".

Além de gordo, era excêntrico. Charles de Foucauld sempre carregava consigo a obra artística de Aristófanes e sua excentricidade era tal que deixou de fumar a partir do dia em que não encontrou charutos de sua marca preferida.

Nessa escola militar, partilhou o quarto com Antoine de Vallombrosa, rapaz muito diferente dele. Naquele cômodo bem barulhento havia jogatina de cartas todos os dias e grandes banquetes, que aconteciam porque um dos dois sempre estava de castigo por ter infringido alguma regra; e o outro, então, para fazer companhia, também participava da festa.

O contraste dos dois era enorme: Vallombrosa estava sempre em movimento, era um cavaleiro e desportista, enquanto Charles de Foucauld era caseiro, apático e sonhador. Os dois acabaram tendo o mesmo final de vida: foram assassinados no deserto, porém o futuro de Vallombrosa seria brilhante, conforme as avaliações sociais da época. Já o destino de Foucauld será conhecido mais adiante, na continuidade deste livro.

Os dois companheiros de quarto, mesmo com comportamentos diferenciados, eram muito benquistos por todos. Entretanto, o general Laperrine, que conheceu Foucauld muito bem e tornou-se seu grande amigo, afirmou a respeito desse caseiro, apático e sonhador:

> No meio dos perigos e das privações, das colunas expedicionárias, este folgazão letrado revelou-se um soldado e um combatente, suportando de cara alegre e levantada as mais duras provações. Sempre zeloso de sua pessoa, dedicava-se aos seus homens e pasmava aos veteranos do regimento e aos próprios entendidos.

A carreira militar de Foucauld teve início em 28 de outubro de 1876, dia em que ele foi encaminhado para a escola de Saint-Cyr, permanecendo ativa durante pouco mais de cinco anos.

Na escola de Saint-Cyr, com mais de quatrocentos alunos, Foucauld reencontrou alguns amigos da escola de Santa Genoveva, onde estudou. Um deles é Mazel, com quem se correspondeu até a sua morte. Fez também novas relações. Reencontrou Lacroix em 1901 e este o ajudaria na instalação em Béni-Abbès. Suas relações de amizade eram tão fiéis que ele guardou na memória e, acredito eu, também no coração os nomes daqueles com quem estudou nessa época.

Durante a guerra de 1914, ele se recordará de Saint-Cyr pelos nomes citados daqueles que estavam na batalha: Lamy, a quem reencontrou em Lyon em 1913, Bartoli, d'Urbal, Pétain, sobre quem disse a Laperrine no dia 27 de abril 1916, sete meses e meio antes de sua morte:

> Eu espero que com Verdun tudo continue bem na caminhada da vida e que Pétain tenha feito um bom trabalho até o fim. É meu camarada de promoção, mas eu o co-

nheci pouco: eu me recordo sempre e somente de que ele era um bravo rapaz, muito amado por todos.

A Urbal ele se dirigiu no dia 20 de novembro de 1915: "Meu querido Urbal, é teu velho camarada de promoção, Foucauld, quem te escreve para te dizer que, nessas horas tão graves, meu coração e minha oração estão contigo".

Foucauld sempre se comunicou com seus colegas das escolas militares de Saint-Cyr e Saumur de maneira bem livre e transparente, o que é possível comprovar em uma das cartas que escreveu a Morès no dia de sua profissão religiosa entre os trapistas, em 23 de dezembro de 1891:

> Eu quero dizer a ti, meu amigo, a quem meu coração permanecia tão calorosamente dedicado... Tu me conheces, sabe de meu afeto por ti. Nem o tempo nem a ausência dele mudaram... Esta despedida mando a ti quando deixo os últimos laços que me amarraram ao mundo dizer-te: todo o carinho, toda a devoção de seu amigo em N.S.J.C., Charles de Foucauld.

E, no dia 15 de abril de 1915, escreveu a Mazel, seu outro amigo:

> Tu estás certo de que Deus fez em nós grandes graças... Nós podemos ser gratos e fiéis enquanto vivermos. Costumo dizer a história dupla da misericórdia de Deus e minhas infidelidades: quando eu vagava longe dele, ele estava olhando para mim e me trouxe de volta com força e suavidade. Para sempre é o bom pastor: o bom pastor de almas e o bom pastor do povo. Ele pode terminar o que começou tão bem para o nosso país.

A escola de esgrima e equitação, comandada por um general, compreendia oito companhias de infantaria, cada uma com cinquenta alunos. Foucauld foi colocado na segunda companhia e estava entre os 150 alunos à frente dos trabalhos desenvolvidos no primeiro ano de estudo. Toda escola militar é rígida em suas atividades. Por isso, Charles de Foucauld recebeu uma avaliação pessoal nada boa, informando que, quanto ao comportamento e ao trabalho, teria sofrido punição por manter a casa e a cama mal arrumadas; por ter notas ruins em teoria; ter visitado o médico sem que este pudesse reconhecer nele doença alguma; ter afirmado falsamente que havia deixado seu caderno de notas no quarto; endossar roupa suja e descosturada; tirar notas baixas em topografia; falta de atenção e usar cabelo comprido.

Entretanto, no seu primeiro ano da escola Saint-Cyr, durante e após a Páscoa, ele havia obtido bons resultados referentes a conduta, limpeza e saúde.

Fidelidade na amizade, segundo ele, é qualidade importantíssima para o ser humano. Após as lembranças dos momentos comuns vividos em Nancy, sua saída da escola fora marcada para o dia 20 de agosto. Sobre essa ocasião ele escreveu:

> Terça-feira. Meu querido Jacques, enfim chegou o final do meu primeiro ano nesta caixa sagrada. Eu saio segunda-feira próxima. Rosine já deve ter escrito ou ela escreverá. Mas ela te dirá que só chego a Paris pelas 9 horas da noite, que eu passo a noite e parto na manhã seguinte para Nancy. Essa notícia é falsa. Eu chego a Paris às 6 e meia e parto à noite para Nancy. Só escrevi ao meu avô que eu chegaria à noite para fazer uma surpresa. Eu te peço então de não avisar que chegarei na terça-feira de manhã. Tu me deixarás feliz se puder me esperar na estação de Montparnasse à chegada do trem, às 18h05. Nós iremos em seguida ao Bon LaFontaine, onde tenho meus objetos pessoais, nós jantaremos juntos, como fazíamos todas as noites. Depois nós iremos muito tranquilamente à estação de Estrasburgo. Nada há de novo em Saint-Cyr. Nós estamos felizes de partir: não falaremos disso e nem pensaremos nisso. Eu espero que toda a tua família es-

teja bem e que tu estejas gordo. Por mim, eu estou muito bem, mas eu estou consideravelmente magro. Seu amigo. Ch. de Foucauld. Inútil vir com um carro.

Charles de Foucauld recebeu a notícia de que seria oficial na seção de cavalaria no dia 28 de agosto de 1877 e escreveu a seu amigo Gabriel Tourdes: "Esta notícia, como tu compreendes, não deixou de me dar alegria: pois durante os últimos meses eu tenho trabalhado para este fim de ter o sabre e as esporas. E assim aluguei um cavalo e passei a usá-lo quatro horas por dia". Depois desta notícia, ele foi descansar na casa de seu avô e visitou sua avó em uma casa de repouso perto de Nancy.

Entretanto, chegou o dia da sua introdução na escola de cavalaria, que se deu em 5 de novembro de 1877. Feliz pelo primeiro ano, pensou que o segundo seria igual, mas logo ficou desiludido e escreveu a seu amigo Gabriel Tourdes no dia 23 de novembro:

> Estou entediado aqui de todo o meu coração. Nada há de novo em Saint-Cyr. Está monótono como no ano passado. De início, o trabalho a cavalo é evidentemente mais divertido que o exercício a pé. Mas, se nossa condição é vantajosa, ela tem também seus inconvenientes: [...] os cavaleiros, sobretudo, vivem como parafusados [sobre suas selas].

Ele sofria muito, sentimento mencionado catorze anos mais tarde à prima Marie de Bondy na sua carta de 5 de outubro de 1891:

> Eu estou contente em saber que François monta a cavalo; eu estive muito entediado em Saint-Cyr e mesmo no começo de Saumur por não ter montado a cavalo nos anos precedentes; as longas repetições, os exercícios de todo gênero, sempre sem estribos, são difíceis mesmo para aqueles que têm um grande costume de cavalgar; os outros são facilmente colocados para trás...

Em suas cartas a Gabriel, ele falava da perda de tranquilidade, bondade e liberdade. Percebendo o seu sofrimento, sua irmã Mimi começou a lhe escrever todos os dias sobre a saúde do seu avô. Ele, então, conseguiu uma licença para ir vê-lo no dia 1º de fevereiro de 1878, mas aqueles eram os dias finais de seu avô. Assim, escreveu a Adolphe Hallez em 2 de março:

> Meu avô termina sua vida em 3 de fevereiro às duas horas da tarde: ele morreu sem sofrimento e dormindo. Mimi e eu estávamos lá, assim como os Lagabbe. Eu cheguei faz dois dias e meio: ele não soube o motivo da minha presença, mas ela o deixou feliz, ele reconheceu todo mundo e conservou sua presença de espírito até o fim.

A partir daí, sua vida trouxe duros momentos e ele perdeu, pouco a pouco, a classificação da escola Saint-Cyr. Seu lugar de destaque passou de 143 a 333 entre os 387 alunos. Foucauld terminou a escola Saint-Cyr no dia 30 de setembro de 1878 e saiu com o grau de subtenente da Escola de Cavalaria de Saumur. Nesse período, ele se filiou à Associação São Vicente de Paulo juntamente com seu companheiro Morès. Entretanto, recebeu três punições: uma de dois dias, outra de quinze e a última de um mês. A primeira devido a uma revista de quarto; as outras duas por sair da guarnição sem permissão. Aonde será que ele foi? Ninguém soube. Assim, terminou a escola de subtenente em Saumur em 87º lugar entre os 87 alunos. Último lugar!

Período difícil, da maioridade, em que teria de controlar sua enorme herança, mesmo tendo um curador. Havia empréstimos altos que só seriam devolvidos após doze anos, além de gastos não ocorridos anteriormente. Ficou surpreso com a quantidade de bens que herdou.

Em 28 de maio de 1879, comentou com Gabriel Tourdes que passava suas tardes andando a cavalo ou de carro descoberto, terminando-as sempre com uma sopa que o fazia ficar acordado.

A inspeção geral da escola, no dia 14 de outubro de 1879, avaliou o subtenente Charles de Foucauld como bom, assim como seus princípios, julgando-o capaz, mas declarando-o medíocre quanto à sua conduta e à sua maneira de servir. Jacquemin, a pessoa que verificou o dia a dia do subtenente, chegou à conclusão de que ele tinha espírito pouco militar, ausência de sentimento de dever ao grau exigido para a função, deixando muito a desejar. Segundo ele, seu estudo era muito limitado, medíocre; tinha gosto em cavalgar, mas pouca aptidão, sendo considerado um cavaleiro regular. Entretanto, o responsável pela instituição disse ao sujeito: "Embora seja um aluno bem-comportado, do ponto de vista pessoal deve deixar sua conduta e os motivos para suas numerosas punições. E fique sempre claro que não está aqui para se divertir".

Em 1930, o comandante de Charles de Foucauld lembraria que se tratava de um pobre rapaz que estava saindo do seu caminho e não gostava muito da profissão escolhida. Era independente e a rigorosa disciplina de escola pesava muito para ele.

Foucauld sempre falou do grande amor por sua família e de sua vida até os 20 anos, mas, depois da morte de seu avô, seu modo de viver decaiu bastante:

> A partir de então eu estou na noite, eu não tenho mais nada: não vejo mais Deus, nem os homens: só há eu, e eu sou a minha sensualidade, iguarias, preguiça, orgulho, paixões vergonhosas. O egoísmo absoluto no escuro e na lama [...]. As pessoas mais mundanas, os meus camaradas, não acreditaram em mim. Eu repugnava-os, eu odiava-os, eu era menos homem do que um porco. Para lá, meu Deus, a que lama eu estava indo!...

No entanto, quando esteve totalmente na lama e falou da misericórdia de Deus, ele disse muito mais da noite:

> Neste estado de morte, tu ainda me manténs: tu reténs na minha alma as memórias do passado, a estima pelo bem. O apego, dormindo como um fogo nas cinzas, mas

ainda existente para algumas almas bonitas e piedosas, como o respeito pela religião católica: toda a fé tinha desaparecido, mas o respeito e a estima estavam intactos... Tu me reténs o desgosto pelo vício e pela feiura... Eu fiz o mal, mas eu não o aprovei ou amei ... Tu me fizeste sentir uma profunda tristeza, um vazio doloroso, uma tristeza que eu nunca experimentei, e então...

O vento continuou soprando, e com ele as folhas secas... e notícias divergentes e diversas quanto à vida de Foucauld. Como é bom o vento. Ele traz doenças, mas também as leva...

Como dizem os biógrafos de Charles de Foucauld, de 1879 a 1880 ele esteve a serviço militar em Pont-à-Mousson. Nesse lugar, ofereceu grandes jantares aos subtenentes jovens em pequenos grupos, foi aceito por todos com grande alegria e mesmo assim viveu um tédio infinito. Assim, escreveu a Gabriel em 18 de fevereiro de 1882 que estava resolvido a deixar a carreira militar dentro de algum tempo.

Em 20 de junho de 1881, Foucauld foi à Argélia como subtenente. Durante seu trabalho como militar nas colônias francesas naquele país, as festas entre os jovens oficiais desaparecem e a vida perto dos homens das tropas voltou a fazer parte de sua realidade. O jovem Foucauld, que, depois de Nancy até Pont-à-Mousson, teve sempre a reputação de um perfeito companheiro, comportou-se novamente com generosidade para com todos.

Interrogado em 1920, um idoso, entre os caçadores da África, testemunhou fatos e gestos de seu chefe e deu a seguinte informação a René Bazin: "Ele sabia fazer-se amar, e também amava a tropa". Enfim, em todos os lugares esteve atento, viu e ouviu a todos, mesmo os nativos. Ele os descobriu, admirou a sua cultura, a sua religião, sua língua, iniciou o estudo do árabe, língua que praticou.

Naquela área da Argélia, ficou um ano e meio e fez amigos nos dois regimentos de cavalaria. Dois deles eram caçadores da

África: o tenente Olivier e o médico Louis de Balthasar. Entre os oficiais dos Hussars, destacam-se Fritz-James e Harmand.

Entretanto, dizem que Laperrine, pela forte relação de amizade com Foucauld nos anos de Saara, amizade esta que começou nos altos platôs, o influenciou para que se demitisse das armas e escolhesse uma viagem de exploração ao Marrocos. Ele encontrou Laperrine em 1881, porém as relações se fortificariam somente em 1903.

Em Pont-à-Mousson, ele e Morès, camarada na guarnição, voluntariamente se juntaram aos couraceiros de Maubeuge. Durante tardes animadas entre os jovens subtenentes cheios de vitalidade, Foucauld contou mais tarde que sentia uma tristeza profunda, um vazio doloroso que ele jamais provara até aquele momento. A tristeza voltava toda tarde quando se encontrava só no seu apartamento, mantendo-o mudo e acabado durante o que chamavam de festas, as quais ele organizava, porém não aproveitava, sentindo um tédio infinito.

Decidiu, então, voltar à França e no seio da família encontrou o aconchego necessário para respirar. No entanto, apenas chegou àquele país quando soube que seu regimento fora enviado à Tunísia, então escreveu a Gabriel Tourdes:

> Uma expedição desse tipo é um prazer extraordinário para deixá-lo passar sem ter a oportunidade de gozá-lo. Na África me colocaram em um bom lugar como tinha pedido, mas não no regimento que desejava. Faço parte de uma coluna que manobra sobre as altas dunas ao sul do Saïda. É muito divertido: da vida de acampamento eu gosto da mesma maneira que a vida na guarnição me desgosta. Espero que a coluna dure muito tempo: quando acabar, tratarei de ir a outra parte onde haja movimento.

Foucauld pede a reintegração ao destacamento diante de tal acontecimento e da possibilidade de ir à África. Assim, Pierre

Nord diz que Foucauld tem para si o desejo de servir. *Servir no cansaço, nas privações e nos perigos.*

Aos 22 anos, Charles de Foucauld foi destinado à Argélia, gostando muito daquele local e de seus habitantes. E relatou:

> A vegetação é magnifica: palmeiras, louros, laranjas. É um bonito país! Eu fiquei maravilhado no meio de tudo isto, árabes com albornozes brancos ou vestidos com coloridos intensos, com muitos camelos, pequenos asnos e cabras, que produzem um efeito muito pitoresco.

Um dos soldados narrou um fato muito bom a respeito dele nessa época. O grupo perseguia Bu-Aman e depois de um dia de grande marcha, quando os soldados estavam muito esgotados por causa do calor e desejosos de se lançarem num poço, o tenente Foucauld, ao ver tal situação, voltou rapidamente e comprou na cantina uma garrafa de rum. Regressou dizendo: "Como estou contente por ter a minha garrafa e dá-la a vocês". Assim, os soldados misturaram um pouco de rum com a água salobra do poço.

Era o ano de 1882, a coluna havia terminado e Foucauld se encontrou de novo em um quartel, solicitando licença para viajar ao sul e estudar os povos que residiam na região. Como a solicitação não foi atendida, pediu a demissão da cavalaria e mudou-se para Argel.

O vento traz as folhas todas retorcidas e a leitura fica difícil...

Alguns historiadores relataram que nesse período ele manteve uma relação afetiva irregular, segundo os moldes daquela época. Uma mulher apareceu em sua vida particular, interpretada por alguns biógrafos como uma amante. Outros chegaram a retratá-la como de pouca importância para o grau de posição social que Foucauld ocupava. É claro que, diante da possibilidade de erros e acertos de um ser humano, as fofocas corriam nos meios militares da época, pois o número deles não era tão grande. Além disso, acredito que no chá da tarde das mulheres essas notícias também eram compartilhadas.

Por esse motivo, a mulher do superior de Foucauld exigiu que seu marido tomasse uma providência para que não houvesse difamação generalizada. Assim, os superiores de Foucauld lhe chamaram a atenção, porém ele, sempre de temperamento forte, sem jamais aceitar conselhos injustos, decidiu não os obedecer. Foi, então, destituído de seu posto.

Porém, situação irregular tem várias interpretações. O autor Nord descreveu que se tratava de um apoio que Foucauld deu a uma mulher que precisava ir ao mesmo local aonde ele ia. Foucauld acabou, portanto, oferecendo o seu nome a ela para que a mulher – a quem apresenta como Viscondessa de Foucauld – pudesse viajar no mesmo barco que ele, fazendo que os responsáveis da lei não a impedissem de chegar ao país desejado.

O fato de ele ser hospitaleiro e gentil com essa mulher acabou surtindo má interpretação, bem como fofocas entre as mulheres de militares, culminando na exigência de que Foucauld a mandasse embora. Ao ser chamado pelo superior militar e esse o acusar injustamente, Foucauld preferiu pedir a saída da carreira militar. E assim Nord diz: "Por decisão ministerial na data de 20 de março de 1881, o subtenente De Foucauld de Pontbriand é colocado em não atividade, por licença do emprego, por indisciplina e dupla má conduta notória...".

É surpreendente que Nord termina o capítulo que descreveu o episódio com as seguintes palavras: "Ele quer servir, servir incansavelmente. Ele foi, entre os oficiais, o mais ardente, o mais puro e generoso da sua geração".

Já em outra folha que chegou com o vento, uma versão muito próxima à de Nord vem de outro autor, Charles Pichon, que descreveu praticamente a mesma história de Nord. Segundo ele, porém, aquela dama era uma jovem de idade aproximada à de Foucauld e era sua namorada, mas, por ser bela e fina, de excelente relacionamento social, agradou o vice-prefeito do lugar. Este, então, a convidou a ficar em sua casa até que Foucauld chegasse à cidade. Tal situação gerou inveja à mulher do coronel, que, assim que Foucauld retornou, o chamou para uma conversa. Esse fato teria gerado a saída de Foucauld do militarismo.

Um ano depois do acontecido, se deu a sua demissão de subtenente, em 25 de março de 1882. Ele retornou a vida civil como oficial de reserva.

Foucauld, então, partiu com essa mulher, indo a Evian, onde ocorria uma temporada social. E ele, encantado com a nova diversão, procurou novos prazeres – os quais os autores Nord e Pichon deixam claro não serem sexuais –, porque passava por uma tristeza profunda jamais vivida. Não era mais desgosto o que ele sentia, era algo muito pior: o desespero. Foucauld chegou a dizer: "Eu sou um homem vazio, acabado".

Em 1885, a senhorita Doucet-Titre, a pessoa que pensava que seria a noiva de Foucauld e com quem ele se casaria, afirmou que até poderíamos admitir a crença da má conduta extraordinária do jovem, pensando que na idade em que ele estava havia curiosidade e a alma pudesse borbulhar, porém, na idade de 25 anos, ele não tinha nada de infantil. Foucauld havia retornado de Marrocos um homem sério, como muitos homens não o são aos 45 anos. Ele sabia que havia sido injustiçado na vida.

Em um momento de sua vida, Foucauld, muito depois desse fato, se pronunciou:

> Obrigaste-me, pela força das circunstâncias, a ser casto, e bem cedo, no fim de janeiro de 1886, depois de eu estar junto à minha família reunida em Paris, bem cedo a castidade se transformou numa doçura e numa necessidade do coração.

Ele lembrou novamente em um dos seus retiros, o de 8 de novembro de 1897, feito em Nazaré:

> Eu não te conhecia...Oh! Deus meu! Como tinhas a tua mão sobre mim, e quão pouco eu o sentia! Que bom que

tu és! Como me guardaste! Como me guardaste debaixo de tuas asas e eu nem sequer acreditava em tua existência! Forçado pelas circunstâncias, me obrigaste a ser casto. Era necessário para preparar minha alma para receber a verdade. O demônio é demasiado dono de uma alma que não é casta.

Sourisseau, outro autor e responsável da causa de beatificação de Foucauld e estudioso deste biografado, contou que nas paradas costumeiras sempre havia muitas diversões. Foucauld recebeu uma primeira punição de quinze dias por ter passeado em traje civil com uma dama, em dia de semana, pelas ruas da cidade. Este fato foi registrado nos documentos militares.

Em outro livro, encontramos que em 18 de outubro de 1880 ele foi para Bône, onde teve sua bagagem conferida pelo coronel Poul. Lá lhe foi dito que poderia levar a bagagem de sua concubina. Foucauld simplesmente respondeu: "Esta pessoa está livre para ir e estabelecer-se onde queira. Ela não é militar e eu não moro com ela. Faço passeios, e o meu serviço não é comprometido com esses passeios".

As pessoas que o acusaram riram de suas desculpas e explicações, consideradas humorísticas e respeitosas, ditas com tanta calma. O coronel não compreendeu assim, e ordenou: "Se esta mulher chegar a Bône, ela deve retornar. E, sob a recusa do senhor Foucauld, ele deve ser punido severamente".

Assim, seus autores nos deixam em dúvida se aquela mulher, a causa de sua punição do militarismo, foi amante dele ou não. Uns dizem que sim, outros dizem que não. Cabe ao leitor, se isso for importante, resolver o que pensar. Acredito mais na descrição de Nord, por este ter vivido próximo a Foucauld e ter sido chefe do seu regimento. O que será que Nord quis dizer com Foucauld ser o mais puro de seus homens? Por que Foucauld sempre lembra que ele foi casto pelas circunstâncias desde cedo, mesmo antes de acreditar em Deus? Com toda a formação cristã da época, com a juventude florescente, com a firmeza de uma busca pela razão, necessitando de apoio, teria ele se deixado vencer pelos desejos da carne? "Ele não está fundamentalmente corrompido; ele prefere a ostentação de fanfarrão e folião por espírito de imitação", foi o que disse a Condessa de Reinach-Foussemagne, conhecida de Foucauld desde sua infância e juventude.

Não nos devemos esquecer dessa restrição, e lembrar os seus aspectos festivos de comportamento durante o descanso e os banquetes que ele organizou periodicamente.

Mas Foucauld não estava só. Duque FitzJames, seu amigo desde a sua chegada a Pont-à-Mousson, testemunhou em 1925:

> Muito *gourmet*, ele gostava de nos regalar, mas sem selecionar seus convidados, tanto um como a outro, por pequenos grupos... De tempo em tempo, ele nos dava, mas sempre sem "panelinha", jantares perfeitos, na casa dele de Nancy, onde reservou o piso térreo, pois o resto da casa era alugado. Antes de ele entrar no 4° Hussars, o grupo destes subtenentes felizes já estava no lugar, e Charles se inseriu nele espontaneamente...Como posso não amar e estimar esse bom camarada? Nossos oficiais camaradas partilhavam tudo, estes são meus sentimentos a seu respeito.

Um dos responsáveis de julgar o fato, o coronel Poul, registrou "boa conduta" como resultado. O superior de Poul, o general L'Hotte, que conheceu Foucauld como aluno na escola de Saumur, afirmou: "Este oficial tem muito a fazer para estar ao nível das suas funções. É um personagem de fácil relacionamento que precisa ser acompanhado e estimulado; no entanto, o pelotão ganhou desde a sua chegada".

Esse general, que ocupava no momento o cargo de inspetor geral, concluiu que o Foucauld era brilhante e servia como seu oficial do pelotão para os esquadrões. Orientou, então, que Foucauld fosse mais zeloso, garantindo-lhe que se ele fosse bem dirigido teria capacidade de pertencer à 4ª Cavalaria.

Como tinha bom relacionamento com todos de quem se aproximava, mantendo uma vasta correspondência, ele uniu Lorain a Pont-à-Mousson, conseguindo que a companhia da estrada de ferro do Oriente aumentasse um vagão de passageiros em um trem de carga para retornar à noite, pois nas festas da 4ª Cavalaria havia um grupo de fãs interessados na generosidade dos oficiais, encontrando em Nancy facilidades durantes as noites.

E mais folhas chegam com o vento e retomam o assunto das fofocas...

Em 22 de julho de 1880, coronel Poul, que acabara de chegar à 4ª Cavalaria como comandante, tinha o direito de conhecer o estado civil de Foucauld, pois dependia dele a autorização para a realização de casamento de um homem de seu regimento. O subtenente de Foucauld não fez tal pedido ao coronel Poul. A autoridade militar resolveu tirar satisfações legais com o nosso biografado.

Se Foucauld estivesse vivendo com aquela mulher, sendo ela sua concubina, Poul iria resolver o problema. E Foucauld, portanto, teve de aguentar as punições que vieram a seguir. Apesar de não hesitar em aparecer como tal, o que estava além das proibições ou tradições do Exército, nada provou que era um homem a conquistar mulheres. Quem poderia devolver-lhe certa reputação? Enquanto sofreu a penalidade dos quinze dias, foi mudado de regimento e enviado à Argélia num momento especial, quando houve a troca de cavalos e cavaleiros.

Quando Foucauld, no dia 1º de fevereiro de 1882, pediu a dispensa da carreira militar, o coronel responsável registrou em seu documento: "O senhor subtenente De Foucauld é um oficial muito honrado, animado, de sentimentos generosos, e está muito apto para esta função".

Charles de Foucauld, cansado da vida militar, percebendo não ser aquele o lugar que desejava para a sua vida, decidiu pedir demissão do cargo junto com seu amigo e devedor Morès. Ambos haviam construído um projeto de viajar juntos. Entretanto, no momento de solicitação da demissão, Morès conheceu uma moça americana e se casou com ela.

Foucauld estava decidido a prosseguir seu projeto e de 1882 a 1886 seguiu uma vida civil. Estudou árabe e pediu a solicitação judicial a seus tios para arrumar um curador, controlar seus gastos e procurou para onde viajar.

Decidiu por Marrocos. Em junho de 1882 foi a Alger – considerado o melhor lugar para se preparar a exploração, comprando sextante, cronômetro, barômetro e termômetro –, onde estudou e pesquisou a respeito do que existia publicado sobre país escolhido.

Ele se instalou em um local simples, e percebeu a variedade de banhos, casas e mesquitas árabes. Diante de tal beleza, escreveu a Gabriel em forma de brincadeira: "As mulheres árabes, infelizes. Eu quero ver tu fazeres sexo com uma mulher negra, e te ver vestido de uma gandoura, os chinelos nos pés, e na boca um tubo maior que ti".

Capítulo II
Outras poeiras com folhas chegaram...

Com a licença do serviço militar e com o propósito de viagem para o Marrocos, Foucauld devia se preparar. Foi, então, para a cidade de Argel, capital da Argélia. E dizia:

> Detesto a vida na guarnição... prefiro aproveitar minha juventude viajando de todas as maneiras. Aprenderei algo e não perderei meu tempo. Seria uma pena fazer viagens tão bonitas tolamente e como simples turista. Quero fazer seriamente, levar livros e aprender tão completamente possível história antiga e moderna, sobretudo a antiga, de todos os países que atravessarei.

Como em toda busca humana, a pessoa deve se preparar para atingir seu ideal, sua vocação, seu lugar na história. Para Foucauld não foi diferente. Ele viveu uma transformação física muito grande: deixou os grandes banquetes, pois precisava emagrecer. A perda de peso foi necessária para que, na viagem, ele se disfarçasse de rabino; assim, poderia fazer sua busca de conhecimento no país. O projeto que realizou em Marrocos foi uma pesquisa de reconhecimento da área geográfica de Marrocos.

Foucauld estudou profundamente o islamismo durante cinco anos e ficou tão motivado nessa leitura que, em 1901, disse: "O islamismo é sedutor ao excesso". Também afirmou que esses estudos lhe deram muita alegria por causa da simplicidade de dogma, de hierarquia e de mundo.

Tal qual um atleta antes de participar de uma competição, Foucauld exigiu de si mesmo firmeza de propósito, pois era necessário estudar com pontualidade, responsabilidade e persistência, além de procurar pessoas que o ajudassem a obter êxito na viagem. Aqueles que se propusessem a auxiliá-lo deveriam ter o mesmo tipo de caráter para esse propósito. Selecionar não é fácil.

Na época, o Marrocos ainda não tinha sido estudado. Adentrava nesse local apenas um médico judeu ou um rabino em visita a seus parentes. Foucauld, então, tirou licença militar por um ano a partir de 1º de junho de 1883 e contou com médicos amigos que lhe indicassem remédios que porventura viesse a usar nesse período. E mesmo pensando em sua viagem como importante para a Sociedade de Geografia de Alger, ele a realizou com o próprio dinheiro, enfrentando riscos e perigos.

Entre 1883 e 1884, quando Foucauld tinha 25 anos, ele partiu para esse país desconhecido. Teve de estudar árabe e precisou aprender os costumes religiosos judaicos, pois a região visitada não permitia a presença de cristãos. Era um trabalho difícil e perigoso para a época.

Selecionou como guia Mardoqueu, um judeu que também era rabino, e os dois iniciaram a jornada no dia 20 de junho de 1883. Foucauld disfarçou-se de rabino judeu, mas mesmo assim, devido às relações não amigáveis das duas religiões – judaica e mulçumana –, dificuldades foram encontradas. Mardoqueu teve de inventar histórias convincentes para que os aceitassem sem muitos problemas. Cada lugar, uma história diferente, algumas até engraçadas. Uma delas foi narrada por Foucauld:

> Mardoqueu me apresentou como um grande doutor e astrólogo instruído dizendo que fiz curas maravilhosas, e os olhos doloridos que tenho são o meu triunfo. Disse que eu curo os olhos mais doentes, que curo cegos de nascença. Esta grande ciência e estes sucessos surpreendentes atraíram a inveja de muitos, e não pude ficar no

meu país; assim, fugi e decidi exercer minha profissão no Marrocos.

Em outro momento, ele conta que já haviam se passado dois anos desde a última discussão com o seu cunhado, quando este deixou Alger e nunca mais o viu. Depois desse fato, ao chegar em casa, sua esposa estava inconsolável e só sabia chorar, pois haviam lhe dito que o irmão se encontrava no Rif, exercendo o trabalho de joalheiro. Não se sabia ao certo, porém, em qual cidade. Imediatamente, ela suplicou ao marido que fosse em busca de Foucauld e ele, como bom esposo e para acalmá-la, assim o fez. Por isso, estava fazendo essa viagem. Assim, Mardoqueu seguiu seu ritmo de histórias para convencer seus hospedeiros e para que Charles de Foucauld pudesse continuar seu projeto de pesquisa.

Foucauld teve de executar todo o seu trabalho às escondidas, além de nunca deixar transparecer sua procedência francesa, mesmo com o pouco tempo que teve de aprendizado do árabe. Procurava escrever, desenhar e fazer algumas anotações no período da noite, quando todos estavam dormindo. De dia, carregava uma cadernetinha que cabia na palma da mão e um toco de lápis de mais ou menos dois centímetros para que, disfarçadamente, fizesse algumas anotações que servissem de lembranças para o momento da escrita.

Em todas as localidades, o trabalho maior era ganhar a confiança para localizar guias e informantes para os próximos passos de sua jornada. Em todos os lugares, os dois sempre levantaram suspeitas quanto a sua nacionalidade e religião. Por passarem por lugares pouco habitados, ambos eram alvos de atenção, principalmente ao buscarem hospedagem.

Além dos empecilhos naturais de transporte, relacionamento com o diferente, disfarces nem sempre convincentes, esconderijo para seus materiais de pesquisa, Mardoqueu o pressionava bastante: ora queria mais dinheiro, ora queria ir embora, ora não pretendia mais seguir o trajeto desejado pelo pesquisador... Esses são os espinhos no caminho de quem pesquisa.

No entanto, não foram somente espinhos. Foucauld tinha um olhar para o que é bom, justo, honesto. Assim, no meu entender, posso destacar três fatos que apontam o que de bom nasceu junto aos obstáculos oferecidos nesse trabalho desenvolvido por Foucauld.

O primeiro fato ocorreu no segundo semestre de 1883, mais precisamente no mês de setembro, em uma localidade do Marrocos chamada Boujaad, quando Foucauld se encontrou com Haje-Driss-El Cherkaut (conhecido como Sidi Edris). Em Boujaad, a receptividade foi muito boa e a comunidade determinou o local de sua hospedagem, procedimento comum naquela região – geralmente, alojamentos do templo ou em uma casa de família designada pelo líder religioso. Ocorre que os mulçumanos de Boujaad, liderados pela família de Sidi Edris, deram muita atenção a Foucauld, entretanto não os tiveram no início como hóspedes de sua família.

No dia anterior à partida de Foucauld, Sidi Edris informou que ele pessoalmente o acompanharia e daria proteção até a cidade de Cabil-Tadla. Escreveu uma carta, lacrada com o selo de sua família e cujo conteúdo era explícito, isto é, continha segredos políticos que eram conhecidos somente por Sidi Edris, seu pai e Foucauld, de modo que ele solicitou a Foucauld que a entregasse diretamente ao embaixador francês na cidade de Tanger.

Diante de tal confiança, Foucauld registrou no livro *Reconhecimento de Marrocos*:

> Como já não o receava, abri-me com ele como o fazemos com um amigo, e se ele se tinha entregado em minhas mãos, era justo que eu fizesse o mesmo. Disse-lhe então, sem restrição alguma, quem eu era, quem era Mardoqueu e o que andava a fazer. Ficou muito satisfeito com essa confissão e desfez-se em mil desculpas por não ter sabido a verdade mais cedo, porque então eu teria ficado alojado desde o primeiro dia e teria trabalhado, desenhado e feito as minhas observações com-

pletamente à vontade. Se quisesse retardar a partida, levar-me-ia a visitar os cubos e as mesquitas e colocaria à minha disposição a biblioteca de Azoia, que é particularmente rica em obras históricas; levar-me-ia também a passear pelos arredores...

Ao ler a citação anterior, veio à minha memória uma das frases principais pós-conversão de Charles de Foucauld: "A semelhança é a medida do amor". Aprendeu ele tal lição naquele momento ou já tinha construído esse conhecimento quando escreveu: "Como já não o receava, abri-me com ele como o fazemos com um amigo, e se ele se tinha entregado em minhas mãos, era justo que eu fizesse o mesmo"?

Mais tarde, ao relembrar tal acontecimento, Foucauld disse:

> Não tenho palavras para exprimir o que foram para mim os dias que viajamos juntos: durante as marchas, colocava a sua montaria ao lado da minha e dava-me explicações sobre tudo o que percorríamos, encontrávamos e víamos; se eu queria desenhar, ele parava. Escolheu por própria iniciativa os caminhos mais interessantes, e não os mais curtos. Se nos detínhamos num lugar, dava-me a mão e levava-me a ver todas as curiosidades. Mas não ficava por aqui: como a casa onde aceitava hospitalidade se enchia, desde a sua chegada, com uma multidão que vinha beijar-lhe a mão, esse grande marabuto escondia nas suas roupas largas parte dos meus instrumentos, enquanto eu levava a outra parte, e conduzia-me a um lugar afastado para que pudesse fazer as minhas observações, e montava aí uma guarda para impedir que me surpreendessem...

O segundo fato é bastante simples e serve para mostrar a qualidade de Foucauld em perceber a integridade e o valor humano das pessoas com as quais se relacionou. Ele comentou em uma das suas cartas:

Fui obrigado a separar-me de Mardoqueu entre estas duas partes de minha viagem. Quando fui a Mogador, deixei-o em Tisinte e parti com um mulçumano, o Haje Burim, excelente homem, que sempre louvarei. Viajei com ele de 9 de janeiro a 31 de março de 1884.

Contudo, pouco antes de estar com o homem que o ajudou, no dia 1º de janeiro 1884, Charles de Foucauld, num dos momentos mais perigosos de sua viajem, escreveu para sua irmã Mimi:

> Um Ano-Novo muito feliz, minha Mimi. Se ao menos eu pudesse dizer-te que estou bem e que não corro nenhum perigo! Se soubesses como me entristeço ao pensar que talvez não tenhas tido notícias minhas há já muito tempo e que estejas inquieta com a minha sorte, e que este dia, que para muitos é festivo, seja para ti mais triste que para os outros. Nesta época, em que toda gente recebe carta de parentes e amigos, só tu é que não recebes uma daquele que foi criado contigo, daquele que está mais próximo de ti pelo sangue! Calculo a tristeza e a amargura do teu coração. Mas é possível que me engane. Deus o queira! Ainda estou esperançoso de que te tenha chegado às mãos uma parte das minhas cartas. Quando receberes este bilhetinho, minha boa Mimi, põe logo de parte as inquietações, porque eu nem estou a correr nenhum perigo nem correrei algum até meu regresso. É bem certo que o trajeto a percorrer ainda é longo, mas não é nada perigoso. Se o mau tempo continuar – é ele que tem retardado a minha marcha há já um mês –, levarei ainda uns bons três meses a regressar; mas, se encontrar caminhos fáceis, bastar-me-ão dois meses. Deus queira que assim seja e que dentro de pouco tempo me encontre na tua presença.

Nesta passagem que acabamos de ler, é louvável que Foucauld fale de Deus e da comemoração do Natal. Com isso, podemos afirmar que ele perdeu totalmente a fé, como sempre lemos nos documentos de biógrafos dele? Ou será que nessa viagem a presença de mulçumanos e judeus já o fizera mudar um pouco o que pensava no campo religioso – que, aparentemente, ele abandonara?

Retornemos ao terceiro fato. No dia 28 de janeiro de 1884, foi direto ao Consulado da França, onde encontrou um israelita que exercia simultaneamente as funções de secretário e tradutor no consulado. Chamava-se Zerbib.

> — Queria ver o cônsul da França e sacar um cheque no Banco da Inglaterra. Sou o visconde de Foucauld, oficial francês de cavalaria.
>
> O outro, mirando dos pés à cabeça este homem imundo e andrajoso, recebe-o muito mal.
>
> — Vai sentar-te lá fora e encostar-te à parede. Não podes ver o cônsul assim.
>
> Charles de Foucauld foi postar-se junto à parede e lá ficou durante um tempo. Depois, voltando a ter com Zerbib, diz:
>
> — Dá-me um pouquinho d'água e indica-me um canto onde posso despir-me e lavar-me.
>
> Enquanto se despia num compartimento vizinho, alguém estava a espiar pelo buraco da fechadura. Era Zerbib. Vê, com grande espanto seu, que esse vagabundo era portador de uma quantidade razoável de instrumentos de física, que trazia escondidos nos bolsos ou nas dobras das roupas, e que ia colocando um a um no chão.
>
> — Afinal — dizia ele —, posso enganar-me e é possível que fale a verdade.

Naquele dia, ele devia ter terminado o seu projeto *Reconhecimento de Marrocos*, de acordo com o prazo proposto. No entanto, escreveu aquela carta a Mimi, explicando que não regressaria enquanto não tivesse finalizado seu compromisso. E ninguém o impediria. Aquela, portanto, era uma justificativa para o atraso de sua volta.

Viagens são sempre uma surpresa. Elas são como o vento: nunca sabemos de onde vêm nem para onde vão. Há momentos difíceis e momentos fáceis, tudo depende de como viajamos e do que planejamos, isto é, do que queremos com essa jornada.

A seguir, vejamos uma parte dos dias de Foucauld e seu propósito. Em 8 de fevereiro de 1884 ele descreveu:

> Trabalho de manhã até uma parte da noite. Saio apenas uma vez ao dia para ir almoçar com o único francês residente em Mogador, chanceler do consulado, o senhor Montel. Estou muito contente por ter a oportunidade de me encontrar, todos os dias, durante duas ou três horas, num interior francês...

E no dia 14 de fevereiro de 1884: "Passo o tempo da maneira mais uniforme do mundo: trabalho das 7 às 11 da manhã; das 11 a 1 vou almoçar na casa do chanceler; à 1 volto a minha tarefa e janto às 7 na pensão. Depois trabalho até a 1 da madrugada, mais ou menos".

Antes de findar seus trabalhos científicos, ele voltou à casa daquele a quem muito admirava. E contou:

> Chegando a Agadir, fui à casa de Hadj Bou Rhim. Não posso dizer quanta alegria senti, nem o agradecimento que devo: foi para mim o amigo mais seguro, o mais desinteressado, o mais abnegado: em duas ocasiões arriscou sua vida para proteger a minha. Havia adivinhado, ao cabo de pouco tempo, que eu era cristão; eu mesmo o declarei depois. Esta prova de confiança aumentou ainda mais sua estima.

Durante onze meses, Foucauld recebeu muitas injúrias e pedradas. Várias vezes chegou até a correr risco de morte. No dia 23 de maio de 1884, um mendigo pobre foi ao posto da fronteira argelina descalço, enfraquecido e coberto de ansiedade. Chamava-se Charles de Foucauld. "Foi duro, mas muito interessante e tive êxito!", disse. O sucesso de sua pesquisa rendeu a Foucauld um merecido prêmio da Academia Francesa de Geografia de Paris.

Não nos cabe destrinchar aqui a ida dele ao Marrocos, mas se fazem necessárias algumas colocações para mostrar a capacidade intelectual de Foucauld, seu poder científico aos 25 e 26 anos e sua coragem em alcançar a resposta daquilo que desejava, em busca do novo, do diferente. Nessa passagem de sua vida, percebermos a facilidade que possuía nas relações humanas. Notamos também que ele sempre se declarou cristão, mesmo afirmando às vezes ter perdido a fé. Sentia prazer em viver intensamente a serviço do outro e da Pátria. Seus valores humanos e cristãos aprendidos e apreendidos no seio doméstico refletiam em seus atos.

Depois da viagem e da condecoração, Foucauld pensou em partir para uma segunda jornada no sul da Argélia para comparação geográfica do deserto. Viveu uma vida de preocupação: ele se casaria ou não? Naquele tempo, quando namorava, consultava sua irmã, seu cunhado, sua prima e sua tia. Depois de receber algumas negativas por parte dessas pessoas consultadas, ele diria no futuro que, apesar de todas as ligações maldosas que o tinham afastado de Deus, o Senhor percebeu todas as relações bondosas que o manteriam em casa, no seio da família, onde o Pai queria que encontrasse a salvação.

Assim, estava se preparando para a maturidade da vida. Não conseguimos imaginar o que essa viagem representou para Foucauld, mas ele a descreveu num pequeno trecho do seu livro:

> Viajar como israelita tinha os seus inconvenientes: caminhar descalço nas cidades e, às vezes, nos jardins, ser injuriado e apedrejado, isto era o pao nosso de cada dia; mas conviver a toda hora e momento com os judeus marroquinos, indivíduos detestáveis e de caráter difícil, salvo raras exceções, constituía um suplício intolerável. Chamavam-me irmão e abriam-se comigo, vangloriavam-se de ações criminosas con-

fiando pensamentos ignóbeis. Quantas vezes eu lamentei a hipocrisia!

Tudo o que Foucauld desprezava nos judeus marroquinos levava-o ao isolamento, à solidão e ao silêncio; enfim, fazia-o ter uma maior compreensão do diferente. Mesmo ainda não tendo recebido o momento da GRAÇA DIVINA a que os biógrafos dele chamaram de conversão, deixou nas suas falas valores positivos e negativos do encontro com o diferente. Preparou-se, assim, para entender o ecumenismo e a beleza do REINO que Jesus pregou.

No ritmo de trabalho que sempre teve, voltou à França para preparar a publicação de seus escritos.

Capítulo III
O redemoinho se aproxima

Depois da ida ao Marrocos, quando fez o seu reconhecimento geográfico, e de ter recebido a condecoração merecida, Foucauld pensou em partir rumo a uma segunda jornada no sul da Argélia para comparação geográfica do deserto, conforme mencionado anteriormente. E ele a realizou, porém juntamente com outros pesquisadores. Foucauld partiu para a Argélia, de onde escreveu a seu amigo Gabriel no dia 18 de novembro de 1885. Em sua carta, relatou o trajeto da pesquisa:

> Em 15 de setembro, eu parti para a Argélia: passei um dia em Alger, e imediatamente parti para o interior [...]. Veja meu itinerário: de Alger fui a Tiaret, onde comprei um cavalo e mulas e contratei um doméstico árabe. Depois fui a Aflou (djebel Amour), Aïn Madhi, Laghouat, Berrian (Mzab), Ghardaïa (Mzab); circulei no Mzab, percorri outros lugares, assim como Metlili: depois fui a El Goléa, ponto extremo em direção ao sul onde se prolonga nossa dominação. Agora eu vou a Ouargla...

Dessa viagem à Argélia ele escreveu três livros manuscritos, distribuídos entre a Duveyrier e sua prima Bondy; o outro conservou para si. Infelizmente, não tive acesso a esse material.

Foucauld voltou a Paris em fevereiro de 1886 decidido a estudar inglês, aperfeiçoar o árabe, desenhar muito e evitar viagens para economizar um pouco. Após a premiação recebida, o reconhecimento do seu trabalho em Marrocos e a segunda viagem, ele utilizou o título de Visconde Charles de Foucauld, imprimindo assim seu cartão de visita e não se esquecendo de registrar o seu grau de oficial da reserva: subtenente. Queria rever toda a família, até parentes de terceiro grau. Um deles era Pierre de Lagabbe, a quem convidou para ir visitá-lo e fazer com ele uma refeição. Informou-o de que não estaria em casa às quintas-feiras e aos domingos à noite. Esse parente descreveu sua primeira visita:

> Convidado por ele a uma refeição íntima, quando me tratou muito bem, eu fui tocado pela severidade de seu regime: ele não bebeu além de *djebel Amour*. Levou-me a visitar seu apartamento repleto de livros e me fez observar que não havia cama, dizendo rindo: "É melhor para dormir estendido sobre uma prancha, enrolado em uma coberta".

Em novembro de 1897, Foucauld relembrou seu passado em Alger e sua instalação em Paris. Percebeu os sinais da ação, desde aquela época, da misericórdia de Deus:

> Vós me destes uma vida de estudos sérios, e uma vida obscura, uma existência solitária e pobre... Meu coração e meu espírito estavam longe de vós, mas eu vivia, no entanto, em uma atmosfera menos viciada: não estava na luz e no bem, mas não estava nem em um lamaçal profundo nem em um mal tão odioso... Vós quebrastes os obstáculos, soprou a alma, e preparastes a terra queimando os espinhos e os arbustos... Pelas circunstâncias das coisas, vós me obrigastes a ser casto, e logo no fim do inverno de 1886 voltei para a família em Paris, a castidade tornou-se uma doçura e uma necessidade do coração.

É muita surpresa, pois nesse período que antecede a sua conversão, ele se sente completo. Nos anos 1885 e 1886, na evolução espiritual que se iniciou em sua vida, Foucauld não viveu mais os seus impulsos, nem pensou em casamento, mas sim em uma reorientação de forças e desejos para um amor mais aberto à gratuidade nas relações. "É uma necessidade do meu coração", disse.

É claro que as pessoas que o cercavam perceberam essa mudança de comportamento, principalmente na família. O marido de sua prima, Raymond de Blic, observou durante o depoimento no seu processo de canonização:

> Desde o início de suas relações, outubro de 1884, ele nos acompanhou aos ofícios e estava muito bem. Pouco a pouco, sem falar nada, percebi que ia à missa mesmo de semana; Madame de Blic e eu constatamos a mudança religiosa que estava acontecendo nele.

Pela data mencionada no depoimento de Raymond, percebemos que essa mudança começou logo após o seu retorno do Marrocos, resultando num trabalho de reconhecimento que apareceu nas livrarias no dia 8 de fevereiro de 1888.

No começo de outubro de 1886, fazia seis meses que Foucauld se encontrava entre os membros de sua família em Paris, imprimindo os relatos de sua viagem ao Marrocos. Nesse período de permanência em Paris, ele teve a oportunidade de conviver com pessoas inteligentes, virtuosas e cristãs; ao mesmo tempo, uma Graça extremamente forte o empurrava para ir em busca do seu interior e daquilo que é eterno, que não passa.

Nada daquilo que é passageiro faltava em sua vida: obtivera fama com o prêmio que recebera da Sociedade de Geografia, herdara muito dinheiro, era inteligente, estava sempre rodeado de amigos, tinha casa, comida. O que faltava para ser feliz e preencher o vazio que lhe ia na alma? Nessa percepção da realidade da vida, procurava: "Tudo isto que aconteceu comigo é vossa obra, meu Deus, só vossa obra... Uma bela alma vos apresenta, mas por seu silêncio, a doçura, sua bondade, sua perfeição... Vós me conduzistes pela beleza desta alma...".

Sua prima, Marie de Blic, foi uma dessas pessoas inteligentes, virtuosas e cristãs, e ela o acompanhou durante todo o seu percurso vital:

Vós me inspirastes este pensamento: pois esta alma é inteligente, a religião que ela crê não deve ser uma loucura. Estudemos então essa religião: tomemos um professor de religião católica, um padre instruído, e vejamos o que é, e se preciso crer no que ele diz...

Assim, ele começou a ir ao templo católico de Santo Agostinho em Paris, sem crer, permanecendo somente ali, passando longas horas repetindo esta estranha oração: "Meu Deus, se existes, faze com que eu te conheça!".

Nessa época e com tão bons exemplos que o cercavam, teve sede de voltar às fontes de sua religião, a qual fora aprendida e apreendida com os seus pais e depois com os avós Morlet. Com tantos exemplos de carinho pelo ser humano, e com a formação que teve, afirmou que naquele momento solicitou ao padre Huvelin que o orientasse para que compreendesse a religião católica. O padre, sabendo da história daquele jovem, impôs uma ordem: "Ajoelhe e confesse". No primeiro momento, Foucauld tentou retrucar a ordem dizendo não ter fé, mas Huvelin repetiu até ser obedecido.

Foucauld, por ser casto, foi extremamente transparente nessa confissão e a Graça de Deus superabundou no jovem. Após a confissão, o padre Huvelin mandou-o à mesa da comunhão e ele comungou. E disse mais tarde: "Se existe a alegria no céu por um pecador que se converte, então essa alegria aconteceu quando entrei no confessionário!". E afirmou naquele momento: "Depois que compreendi que existia um Deus, não consegui fazer mais nada a não ser viver por ele e para ele".

Podemos pensar que a conversão se deu imediatamente e para sempre. Porém, Foucauld nos alertou:

> Eu que tive tantas dúvidas, eu não cri tudo em um dia, às vezes os milagres do Evangelho me pareciam inacreditáveis; às vezes eu queria entender as passagens do Corão nas minhas orações. Mas a graça divina e os conselhos de meu confessor dissipavam essas dúvidas...

Seus retiros futuros trouxeram lembranças que o faziam perceber o tempo perdido nas buscas vãs da vida. Uma dessas recordações foi a seguinte: "Eu fiquei doze anos sem nada desmentir e sem em nada crer, desesperado pela verdade e nem sequer crendo em Deus; nenhuma evidência me parecia suficientemente aceitável". Ele continuaria a lembrar desse tempo tão difícil como um em que estivera dominado pelo egoísmo e pela falta de piedade, como alguém enlouquecido. Segundo ele, estava como que perdido em uma noite escura: não via nada além de si mesmo, não enxergava a Deus nem aos homens.

Foucauld pensou que, para a sua vida, o declínio das virtudes e das alegrias se deu porque, estando em Nancy para estudar, deixou misturar-se aos seus estudos uma grande variedade de leituras que lhe davam gosto de estudar, mas que lhe fizeram mal. Entretanto, após a confissão e com tantos exemplos a sua volta, tornou-se bem cedo um católico praticante. Nos anos seguintes, sua piedade ficou cada vez mais acentuada e produziu nele um verdadeiro desgosto pela vida vivida antes de sua conversão.

Em seu retiro de 8 de novembro de 1897, feito em Nazaré, ele lembrou:

> Eu não te conhecia... Oh! Deus meu! Como tinhas a tua mão sobre mim, e quão pouco eu o sentia! Que bom que tu és! Como me guardaste! Como me guardaste debaixo de tuas asas e eu nem sequer acreditava em tua existência! Forçado pelas circunstâncias, me obrigaste a ser casto. Era necessário para preparar minha alma para receber a verdade. O demônio é demasiado dono de uma alma que não é casta.

Foucauld lembrou também, em uma das suas cartas, que o seu confessor o fez esperar três anos para que seu desejo de ser religioso e viver só para Deus se concretizasse.

Em 1888, quando tinha 30 anos, sua piedade aumentou assustadoramente com essa participação assídua dos ritos católicos, acrescidos de leituras religiosas. Por isso, atendendo a um pedido do seu confessor, o padre Huvelin, viajou para Jerusalém e Nazaré por seis semanas, em janeiro de 1889. Nessa viagem, Foucauld percebeu algumas luzes que trazia no seu interior e entendeu que devia persegui-las. Uma delas é a de que "a imitação é a medida do amor", "fazer companhia a Jesus o máximo possível, nas suas tristezas".

Na Palestina, após ter passado o Natal de 1888 em Belém, participado da Missa da Meia-Noite e recebido a Santa Comunhão na Santa Gruta nos dois ou três primeiros dias, retornou a Jerusalém. Disse que foi indescritível a doçura que provou ali ao rezar naquela gruta, onde ressoam as vozes de Jesus, de Maria e de José. Nessa peregrinação, ao andar pelas ruas onde passaram a família de Nazaré, nas quais Jesus andou, ele entreviu a sua vocação.

Durante o ano de 1889, Foucauld cresceu cada vez mais na fé, tomou consciência da distância entre as realidades do sofrimento quotidiano – a dos pobres de Marrocos e a dos pobres da Palestina –, e nelas percebeu Jesus evoluir. As facilidades de seu meio lhe permitiram uma existência agradável e distante da falta das necessidades diárias. Notando os passos do Bem-Amado no último lugar e no sofrimento, sua oração passou a ser aproximação muito concreta na Encarnação, como Teresa d'Ávila.

Enquanto procurava seu lugar dentro dos desejos de Deus, disse a Henry de Castries:

> Todo meu desejo é "consumir-me" diante de Deus, "desaparecendo-me", como diz Bossuet. Eu não sei qual ordem escolher. O Evangelho me mostra que "o primeiro mandamento é amar a Deus de todo o coração" e que "tudo se encerra no Amor". O amor é o primeiro efeito da imitação: devo entrar na Ordem onde eu encontre a mais exata imitação de Jesus.

No Mosteiro de Solesmes, em 1890, após um retiro que fez depois da Páscoa, o abade deixou-lhe duas lições das quais para sempre se lembraria nas horas de tristeza: "Deus me ama e a vida não é eterna". Para Foucauld estava claro que deveria dar a Deus o que ele mais gostava como sacrifício de sua vida: todo o carinho que recebeu de sua família (irmã, cunhado e sobrinhos, seus primos e tias e tios).

Foucauld entrou na Trapa porque entendia que o primeiro mandamento é amar a Deus de todo coração, e ele estava preso no amor. Entendeu que o amor tem por primeiro desejo a imitação e que a Trapa era o melhor lugar para imitar Jesus.

No dia 15 de janeiro de 1890, partiu de trem para a entrada da Trapa de Notre-Dame-des-Neiges. Eram 19h10, Marie, sua prima, o abençoou e ele foi chorando. Assim, em 17 de janeiro de 1890, entrou na clausura como postulante da Trapa de Notre-Dame-des-Neiges, que o recebeu descrevendo-o da seguinte maneira:

> Ele trouxe um espírito curioso discreto, desejo espontâneo de conhecer e de descobrir sempre mais. Ele é muito sensível na naturalidade pela sua formação militar, com a missão de sempre avançar com uma incomum tenacidade diante dos perigos, e também aprendeu a enfrentar as lamentações de Mardoqueu, que tentava modificar e simplificar o projeto de pesquisa fixado. Quando se encanta com um tema não mede sacrifícios para desenvolvê-lo, e além do mais é cuidadoso e simples: podemos perceber isto nas anotações do caderninho na palma da mão e cheio de detalhes.

Este dia de entrada foi tão importante e marcante no coração dele, por toda a entrega e sacrífico de amor a Deus, que no retiro de novembro de 1897 em Nazaré ele escreveu: "[...] 15 de janeiro de 1890, o sacrifício desejado por mim se efetuou, assim como essa grande graça de ser totalmente vosso, vinda de vossas mãos...".

Depois que partiu para Notre-Dame-du-Sacré-Coeur, escreveu pela primeira vez ao padre Huvelin. Começou a carta no dia 30 de outubro e a terminou em 5 de novembro de 1890. Vejamos uma parte de seu conteúdo:

> Eu fiz vossa confissão a meu T. R. P. Dom Polycarpe: ele ficou muito tocado, reconhecendo e dizendo ter mais

uma vez me recomendado ao capítulo. Eu me encontro bem sob sua direção; eu sinto que vos aprovarás tudo que ele me diz. É uma direção forte e clara. É de extrema e delicada bondade, dá o mais belo exemplo de regularidade e de esquecimento de si... Vós esperáveis que fôssemos pobres. Não, nós somos pobres para os ricos, mas não somos pobres como era Nosso Senhor, não somos pobres como quando eu estive em Marrocos, não somos pobres como São Francisco...

Nove dias após a sua entrada, passou a ser noviço e recebeu o nome de Marie-Albéric. Cinco meses depois, como trapista cisterciense, continuou seu noviciado na Síria no priorado de Notre-Dame-du-Sacré-Coeur, onde fez sua profissão como religioso no dia 2 de fevereiro de 1892. Ficou com os votos simples até a data de 16 de fevereiro de 1897, quando então pediu dispensa deles. Nesses seis anos de trapista, aproveitou para estudar a Bíblia, escrever as meditações, rezar e contemplar diante dos altares de Nossa Senhora, de São José e do Santíssimo Sacramento.

Ele também não se omitiu de dizer ao seu antigo superior, Dom Martin, a respeito da pobreza que não estava encontrando no mosteiro. Foi quando o superior lhe disse:

> Reze comigo para de agora em diante, com a Graça de Deus, fazer reinar aqui e nas outras casas da congregação uma verdadeira pobreza, pois sem ela não podemos dizer que amamos verdadeiramente Jesus Cristo e o próximo, este que é o principal de nossa regra e da nossa observância. Santa Theresa o diz em suas belas páginas que você me escreveu para reler.

Um ano após, em 29 de outubro de 1891, continuou com os questionamentos da pobreza. Não viver a pobreza o incomodava, pois para ele era a pobreza que o fazia aproximar cada vez mais de Jesus. Escreveu a sua irmã:

Ser pobre com N. Sr. Jesus Cristo é receber uma grande graça! Fazer-se pobre. Eu quero te dar um único conselho que eu penso ser útil, pois é o maior resultado na vivência de meus dois anos de trapista: ter uma grande compaixão para com os pobres... Nós sentimos aqui, trabalhando na terra, quanto sofremos para ter um pedaço de pão! E nós, que temos o justo necessário, sofremos quando nos levam algo... Os pobres são nossos irmãos. Amai-vos uns aos outros, assim se vê que vós sois discípulos. Os pobres são o N. Sr. Tudo que fizer a um destes pequeninos é a ele que o fazeis. Eu te faço um sermão e tu não tens necessidade disto, mas que posso eu fazer por ti além de te proporcionar o que de melhor eu ganho aqui?

Terá ele lido o documento papal de Leão XII, de 13 de maio de 1891, que foi chamado de *Rerum novarum*?

Sua herança foi passada para a irmã, todos os seus bens foram vendidos ou distribuídos. Assim, nessas condições, no dia 2 de fevereiro de 1892 ele fez seus votos simples.

Nessa profissão, pensou na oração de Teresa d'Ávila, "Nas mãos de Deus", que diz:

NAS MÃOS DE DEUS

Sou vossa, sois o meu Fim:
Que mandais fazer de mim?

Soberana Majestade

E Sabedoria Eterna,

Caridade a mim tão terna,

Deus uno, suma Bondade,

Olhai que a minha ruindade,

Toda amor, vos canta assim:

Que mandais fazer de mim?

Vossa sou, pois me criastes,

Vossa, porque me remistes,
Vossa, porque me atraístes
E porque me suportastes;
Vossa, porque me esperastes
E me salvastes, por fim:
Que mandais fazer de mim?

Que mandais, pois, bom Senhor,
Que faça tão vil criado?
Qual o ofício que haveis dado
A este escravo pecador?
Amor doce, doce Amor,
Vede-me aqui, fraca e ruim:
Que mandais fazer de mim?

Eis aqui meu coração:
Deponho-o na vossa palma;
Minhas entranhas, minha alma,
Meu corpo, vida e afeição.
Doce Esposo e Redenção,
A vós entregar-me vim:
Que mandais fazer de mim?

Vejamos uma citação que ele fez naquela época:

> O Evangelho mostra que o primeiro mandamento é amar a Deus de todo o seu coração e que tudo encerra no amor, cada um sabe que o amor traz o primeiro efeito, a imitação. Me parece que nada é melhor para isto que a vida da Trapa.

Todos os homens são filhos de Deus e Deus os ama infinitamente: então é impossível querer amar a Deus sem amar os homens: quanto mais eu amo a Deus, mais eu amo os homens. O amor de Deus, o amor dos homens, é todo o meu caminho, será toda minha vida, eu espero.

Charles de Foucauld estava feliz na Trapa, onde aprendeu e recebeu muito. No entanto, ele ainda sentia falta de alguma coisa.

Nós somos pobres para os ricos, mas não somos pobres como era Nosso Senhor, não somos pobres como quando eu estive em Marrocos, não somos pobres como São Francisco.

Eu amo Nosso Senhor Jesus Cristo e não posso suportar levar uma vida diferente dele... Eu não quero atravessar a vida na primeira classe enquanto aquele que eu amo a atravessou na última...

Eu me perguntei se não tem lugar onde procurar algumas pessoas com as quais pudesse formar um início de uma pequena congregação. O início será de levar exatamente, o mais que possível, a vida de N. Senhor: vivendo unicamente do trabalho manual, seguido dos estudos de todos os seus conselhos... Juntamente com este trabalho, muita oração, formação de pequenos grupos que se espalhem por todo os lugares, sobretudo nos países mais abandonados, não cristãos, e onde docemente aumentará o amor e os servidores de N. Senhor Jesus.

Em um mês do ano de 1892, os abades se reuniram em Roma a pedido de Leão XIII para a unificação das trapas. Nessa unificação, entrou-se num acordo que algumas modificações ocorreriam em relação à regra dos trapistas. Foucauld reagiu com seus superiores mostrando o que altera na vida dos monges que escolheram essa ordem. Porém, a decisão era dos abades; ele era um simples professo simples. E escreveu a sua prima:

> São autorizados o uso da manteiga e do óleo, de maneira que, em algumas semanas, nós não teremos mais a nossa querida cozinha à base de sal e água, estamos com uma comida farta, você compreende que eu me arrependo. A esta linguagem de arrepender-se, eu acrescento: um pouco menos de mortificação, é um pouco menos de se dar a Deus; um pouco mais de gasto, um pouco menos de dar aos pobres... pois onde acabará isto de nos inclinarmos para essas coisas? Às mãos de Deus!

Uma série de acontecimentos e questionamentos o fez entrever que o que ele realmente buscava na Trapa seria difícil encontrar. Nesse momento vemos que além da pobreza foi difícil viver a obediência cega, sem questionamento e críticas. Seria o desequilíbrio mental se o fizesse. Com a castidade, ele nada questionava, pois a tinha gratuitamente como dom gratuito da bondade de Deus. E, nesses questionamentos, escreveu a sua prima sobre o quanto se perdeu da vida de pobreza, abjeção, efetivo desprendimento, humildade e recolhimento de nosso Senhor em Nazaré.

Ao escrever ao padre Jerônimo em 1896, lembrou que em 1893 foi um tempo de alívio:

> Havia três anos, eu estava com muitas dificuldades interiores, muita ansiedade, medos, obscuridades: eu desejava servir a Deus, eu tinha medo de ofendê-lo, eu não via com clareza, sofria muito: e me coloquei com todo o meu coração sob a proteção de Nossa Senhora do Perpétuo Socorro.

Quando se aproximava a data da consagração perpétua na Trapa, Foucauld pediu prorrogação do prazo porque não tinha mais a clareza de que seu lugar era ali, solicitando por duas vezes a prorrogação de um ano. Surgia em sua mente a necessidade de se criar um grupo de pessoas que se dedicassem mais firmemente aos ensinamentos de Jesus. Ele escreveu em setembro a Huvelin e em outubro a Marie de Bondy sobre essa "congregação" que entreviu durante este tempo.

Em 19 de março de 1896, Charles escreveu a Huvelin e a sua prima Marie:

> Minha sede é de mudar o meu estado de religioso para o de família, de simples diarista de qualquer convento, e essa sede está cada vez mais intensa... Essas são as mesmas inspirações, mas cada dia fica mais forte. Cada dia, eu vejo melhor que aqui não é o meu lugar, cada dia eu quero mais buscar o último lugar, nos passos de N. Sr.

Como sempre, nas suas buscas, ele se dirigiu a mais de uma pessoa para avaliar as respostas. Huvelin respondeu três meses depois, no dia 15 de junho: "Eu li e reli vossa carta... Fizestes bem em esperar a minha resposta. Falai o que vós pensastes, que vós sentistes ser chamado para outro lugar. Mostrai minha carta. Falai. Escrevei a Staouéli. Podereis ver outra coisa".

Nesse tempo de indecisão, ele pensou numa congregação que chamou "Irmãozinhos de Jesus", e enviou no dia 14 de junho de 1897 o seu desejo de receber indistintamente pessoas letradas e iletradas, jovens e velhos, padres ou leigos, que tinham qualidades de alma.

Em resposta, no dia 2 de agosto, Charles de Foucauld foi orientado a deixar claro aos seus superiores os seus desejos e de não pensar em seguidores caso decidisse sair da Trapa, querendo viver a vida que entreviu. A decisão precisou ser tomada diante da aproximação da data de profissão perpétua e de não ter possibilidade de mais uma prorrogação. No dia 10 de setembro de 1897, deixou a comunidade trapista e partiu. No dia 25 de setembro, chegou a Staouéli e foi recebido pelo irmão despenseiro como membro da comunidade.

No entanto, ele era claro e transparente com a comunidade trapista de Staouéli, que o recebeu tão bem. Ele disse ao abade na chegada: "Eu sinto que não sou feito para a Trapa, eu sinto uma relutância insuperável a ficar e sou levado com uma força invencível para outro ideal".

Conhecendo de antemão a qualidade deste que chegou ao mosteiro e que questionava sobre a sua vocação, foi mandado a estudar em Roma. Na filosofia escolástica, encontrou pistas de reflexão sobre a Verdade, sua existência e o universo, sobre a pessoa humana e sua liberdade, sobre a bondade e o sentido da vida... Percebeu que, se antes ele a conhecesse, poderia ter eliminado faltas que cometeu no passado. Quanto ao estudo, leu meio capítulo por dia do Antigo Testamento, e na passagem de Jacó ele se encontrou.

Ele viu suas disposições íntimas e tomou uma direção misteriosa como aquela de Jacó. Trata-se da passagem em que Jacó está a caminho, pobre e só, dormindo sobre a terra nua, no deserto. Encontrava-se numa difícil situação de viajante isolado no meio de uma grande viagem em país estrangeiro e selvagem, sem casa. No momento dessa triste condição, Deus o cobriu de favores incomparáveis. Ele interrompeu essas meditações bíblicas no início da história de José no Egito quando partiu para Roma.

Em 1897, deixou de ser trapista. Foi liberado pelos seus superiores dos votos perpétuos que seriam feitos no dia 2 de fevereiro e dispensado dos votos simples que já havia feito cinco anos antes.

Estando fora da Trapa, Foucauld começou a se questionar sobre a vida exterior de Jesus de Nazaré: como se deram as relações dele com o seu povo em uma pequena cidade, de pouca população e de uma família de trabalhadores manuais. Ele passou a diferenciar sua vida trapista da do operário no seu cotidiano.

Seu carisma, portanto, começou na Trapa. Diz um de seus biógrafos que foi em 1893. Ele pensou em atuar em um país de missão, ser missionário em terras não cristãs, pagãs ou mulçumanas. Depois de cinco anos e meio, percebeu que para ele era melhor glorificar a Deus como Maria, mãe de Jesus, no mistério da Visitação, que, sem sair da sua vida escondida, do silêncio, santificou a casa de São João e praticou as virtudes evangélicas. Entendeu que, seguindo seu exemplo, devia santificar as almas sem sair do silêncio, levando para o meio das populações infiéis, com um pequeno número de irmãos, Jesus no Santíssimo Sacramento e a prática dessas virtudes evangélicas, imitando a vida de Nosso Senhor. Esse foi seu pensamento constante durante esses cinco anos e meio. Concluiu que, não tendo a vocação de vida apostólica, ele poderia ter esta para melhor glorificar a Deus.

Quando Charles de Foucauld foi dispensado dos votos da trapa, procurou o seu confessor, o padre Robert, e com ele fez os votos privados de castidade e pobreza perpétuas. Neste último voto, desejou nunca mais ter propriedade em seu nome, e nem a seu uso, mais do que podia ter um pobre trabalhador. Dois dias depois, partiu para a Palestina. Não fez o voto de obediência.

Durante algum tempo ele andou miseravelmente, levando a vida como estes vagabundos que vão de porta em porta pedir trabalho e que são rechaçados recebendo um pedaço de pão, muitas vezes velho e duro, jogado contra eles.

Um dia, à procura de emprego, ele bateu à porta de um convento de irmãs francesas e notou a comunidade em verdadeira desordem. Pôde observar essa situação pois a responsável pela recepção era uma idosa simplória que também acumulava as funções de sacristã e jardineira, e se encontrava na outra extremidade do local. Foucauld não tinha bom aspecto, se dizia francês, mas sabia ser acólito. Foi, então, aceito.

Depois, ele foi para a Palestina, chegando à Terra Santa numa quarta-feira. Começou a trabalhar como doméstico das irmãs Clarissas de Nazaré, ocupando a posição de jardineiro, apesar de afirmar não ter habilidade no ofício, além de ser um péssimo menino de recado. Foucauld percebeu que os legumes da horta estavam estragando, queimados pelo sol, e tinham seu interior estufados. Cansado, suado, ele sofria o dia todo, porém abreviou a história ao contá-la ao confessor. Ofereceu tudo isso ao Senhor e estava feliz por sua sorte.

Sempre que necessário e nas dificuldades de um discernimento melhor, padre Huvelin, diretor espiritual de Foucauld, escrevia a

Marie de Bondy informando-a dos conselhos que dera a seu sobrinho. Assim, no dia 30 de setembro de 1897, Huvelin relatou que percebia Foucauld inquieto no espírito, agitado. (O que eu entendo é que ele precisava ficar lá, em meio à agitação). Em 20 de fevereiro de 1898, Huvelin escreveu novamente a Bondy dizendo que Foucauld perguntara se devia retornar à Trapa, depois de ter passado pelo que considerou uma experiência ideal de vida em Nazaré. "Ele tem medo de se perder nas delícias, e eu respondi: Não! Não!".

Nesse período, para estar ligado à igreja, Foucauld fez as leituras e participou da liturgia das horas no tempo certo de cada festa cristã. Para o tempo comum, entretanto, sempre meditou a vida oculta de Jesus. Vejamos uma de suas meditações, cujo original foi cedido à abadessa e cuja cópia foi direcionada ao padre Jerônimo:

> [...] dou ao padre Jerônimo este programa no dia 28 de janeiro de 1898. Em 3 de fevereiro nós tomaremos se você quiser, no meio da noite, o caminho do Egito com N. Sr., Santa Virgem e São José. O caminho é longo: nós viajaremos com eles pelas montanhas, de início, às planícies em seguida, até Quarta-Feira de Cinzas. Então, nós envelheceremos trinta anos e nós iremos ao deserto de quarentena: nós jejuaremos, nós rezaremos, nós adoraremos com Jesus, nosso irmão. Quatro semanas antes da Páscoa, nós iremos a Betânia ressuscitar Lázaro e nós faremos um retiro de oito a dez dias em Ephrem, a sete léguas ao norte de Jerusalém [...]. Nós nos consideramos como estivéssemos companhia de nosso Bem-Amado Jesus.

Em novembro de 1897, no retiro anual na cidade de Nazaré, ele tomou duas decisões: "Esforçar-me para melhor vos conhecer para melhor vos amar; esforçar-me para conhecer melhor vossa vontade para melhor fazê-la (e melhor procurar vosso bem)". Além disso, meditou dezoito virtudes: 1. Fé; 2. Amor de Deus; 3. Buscar sinceramente o bem de Deus (boa vontade, fazer tudo em vista do

Senhor, pureza de coração, pureza de intenção); 4. Obediência a Deus; 5. Imitação de Deus; 6. Oração (contemplação); 7. Sacrifício (desprendimento, penitência, sofrimento, cruz); 8. Esperança; 9. Verdade (amor da verdade, veracidade); 10. Amor ao próximo; 11. Humildade; 12. Doçura; 13. Coragem; 14. Castidade; 15. Pobreza; 16. Abjeção; 17. Retiro (recolhimento, solidão, silêncio); e 18. Trabalho manual, ou deserto, ou apostolado.

Também nesse retiro, adquiriu um conhecimento novo que lhe seria importante: entendeu que a vida de Jesus foi dividida em três partes – Nazaré, quarenta dias do deserto e a vida pública.

Quando Foucauld foi conhecer a abadessa do Mosteiro das Clarissas de Jerusalém, a abadessa de Jerusalém quis que ele se mudasse para lá, afirmando que o ajudaria a criar um grupo que teria o mesmo desejo dele. Ele vacilou, mas consultou seu diretor espiritual Huvelin, que o respondeu:

> Ficai na sombra do mosteiro de Jerusalém, como estivésseis à sombra do mosteiro de Nazaré. Deus vos levou perto destas queridas e santas almas para rezar com elas, vos sustentar através de suas orações, as ajudar em suas atividades, em seus cuidados e suas atenções, mas estejais enterrado para o resto e perdido para todos. Atenção, Deus vos dará um sinal do que ele quer de vós.

Entretanto, antes do final de 1898, ele alterou a decisão que havia tomado em fevereiro daquele mesmo ano. Para estar ligado à Igreja, seguia todo o rito que os religiosos da Trapa seguiam, isto é, a liturgia das horas. Depois de outubro de 1898, Charles de Foucauld deixou a regra de São Bento e tomou somente o Evangelho como regra única, o seu cotidiano e as virtudes evangélicas. A partir dessa mudança, escreveu o seu primeiro texto de regra e o chamou de "Regulamento Provisório".

Em Nazaré, no retiro de Pentecostes de 1899, optou pela recitação do rosário no lugar do breviário, porque não estava em uma ordem religiosa. Ele fez uma concordância entre os quinze mistérios e as virtudes de Jesus, dispondo esse método de oração em uma imagem cujo centro foi ocupado por um coração e por uma cruz com a inscrição "Jesus Caritas"; no verso trazia os conselhos que o padre Huvelin dera por meio de uma carta de 30 de maio de 1899: "Se faz o bem na medida do que se é, e não à medida do que se diz... É bom ser de Deus, dar-se a Deus! Ficar, impregnar, deixar penetrar, crescer e fortalecer na alma as graças de Deus...".

Muitas leituras sugeridas pela abadessa das Clarissas, pelo padre Huvelin e também durante o tempo da Trapa foram feitas por Foucauld em Nazaré, geralmente aos pés do tabernáculo aos domingos e feriados. Entretanto, redigindo para ele, abriam-se longos parênteses com noções doutrinais, as quais pensava ser interiormente certas, mas que o faziam perder a espontaneidade de pensamento e da oração.

No Convento das Clarissas, dois fatos merecem ser mencionados. O primeiro traz o seguinte relato:

> Um chacal andava devorando o galinheiro das irmãs. Introduzia-se no jardim por uma passagem muito conhecida, situada entre dois rochedos, e roubava uma galinha que cacarejava pelo caminho. No dia seguinte, levava a melhor poedeira; se houvesse a seguir umas tréguas, era porque o senhor das orelhas pontiagudas ia visitar as capoeiras dos vizinhos. Urgia libertar a região deste animal fétido e ladrão. E quem o faria melhor que um antigo oficial de cavalaria? Tinha-se pedido emprestado uma espingarda de caça a um agente consular. Foucauld pôs-se à espreita, a uma boa distância dos rochedos, e começou a vigiar o chacal. Mas, mal se tinha assentado numa pedra com a arma sobre os joelhos, pronta a disparar, pôs-se a rezar o rosário, segundo o hábito que lhe era tão querido, e a meditar sobre os mistérios gozosos, dolorosos e gloriosos. E o tempo ia passando quase sem ele sentir. Os olhos do solitário olhavam pelos terraços da cidade que se preparava para dormir. Indicavam esses terraços que as casas eram parecidas uma com as outras e que o Salvador habituara

a ver em tempos atrás. Foucauld estava satisfeito e distraído, e o chacal não queria outra coisa. Veio andando e parou antes de se mostrar. Percebendo que o inimigo estava com o Espírito fora da situação que se passava a sua volta, penetrou no galinheiro, matou rapidamente uma galinha gordinha e a levou consigo, desta vez correndo. Quando as porteiras vieram interrogar Foucauld e lhes pediram notícias da caça: "Nada vi passar", respondeu ele. Foi esta a primeira e última espera de Foucauld nas colinas de Nazaré.

O relato supracitado mereceu destaque ao mostrar que Charles de Foucauld, nesse período tão inicial da sua vivência cristã, fora dos muros do mosteiro trapista, às vezes estava distraído. E também nos mostra seu amor ao rosário. Rezava-o não automaticamente, mas meditando cada palavra, o que gerava distração de outras situações.

Achei por bem destacar o próximo relato, para que possamos perceber que desde o início de sua conversão ele fazia tudo com liberdade, e não respeitava as "leis e normas" vigentes quando se tratava de socorrer, ajudar e apoiar os mais pobres. Vejamos:

> Num domingo à tardinha – na altura em que o sol ainda impera, mas quando já passa sobre a terra, mostrando com calor a primeira aragem fresca e anunciando o crepúsculo – três viajantes andrajosos, vindos não se sabe de onde, que andavam a bater a todas as portas que encontravam, pararam junto da cabana do eremita e disseram-lhe:
>
> — Não temos com que nos cobrir e a noite vai estar fria, como podes verificar.
>
> Olhou para eles e compadeceu-se; pensou em São Martinho e, pegando numa faca, cortou em duas partes a grande manta de lã com que ele próprio se cobria. Depois, pegando na túnica de muda que estava depen-

durada num prego, acenou ao terceiro mendigo, aquele que não tinha recebido nada, e disse:

— Acompanha-me.

E dirigiram-se ambos ao pátio do mosteiro, que ficava em frente da portaria.

— Minha irmã — diz Foucauld à porteira —, peço-lhe que ajuste esta minha túnica ao corpo deste infeliz. Creio que bastam duas tesouradas e alguns pontos de costura.

— Mas, irmão, hoje é domingo!

— Ajudá-la-ei; eu cortarei e a irmã costurará. É permitido trabalhar um pouquinho, quando estas pobres criaturas precisam de nosso auxílio.

Para que toda a felicidade permanecesse, era necessário manter em segredo a sua identidade. Como Jerusalém é um local de peregrinação, um bispo francês o reconheceu. Assim, ao saberem que seu sacristão-jardineiro era um visconde autêntico e um grande sábio que se tornou mendicante por espírito de penitência, as boas irmãs o encheram de amabilidades e fizeram pequenas delicadezas para ele. Isto não fez o gosto de Foucauld, que voltou à França e pediu hospitalidade à Trapa de Notre-Dame-des-Neiges, no Ardeche.

Lá ele pôde completar seus estudos teológicos e foi ordenado padre pelo bispo de Viviers em 1901, aos 43 anos. Nesse mesmo ano, começou a falar dos Irmãozinhos do Sagrado Coração de Jesus, e não mais dos eremitas do Sagrado Coração.

Como padre e ex-militar, ele partiu para na cidade de Béni-Abbès, na Argélia.

Capítulo IV
Depois do redemoinho... a calmaria

Deus preparou, pouco a pouco e vagarosamente, as coisas que transformam o movimento brusco dos ventos em harmonia e que nos momentos de calmaria serviram e servem para a salvação das almas. Nossos atos cotidianos, quando os fazemos pensando em Deus, seu ato criador e transformador do universo continua. O Senhor refaz todas as coisas. E Foucauld pensava: *Se eu posso fazer qualquer bem, se posso me estabelecer no Saara, é porque depois de ter encontrado Jesus fui oficial e viajei ao Marrocos.*

O padre Foucauld caminhava entre dois oficiais e conversava sobre onde era mais necessária a sua instalação para que houvesse utilidade a obra que pensava em fazer. Em todas as decisões, nosso biografado recorreu aos oficiais militares franceses, ao seu superior religioso e também ao seu diretor espiritual. E, com as sugestões destes e as orações voltadas a esse propósito, decidiu por Béni-Abbès.

Padre Guérin o recebeu na Maison Carrée (casa-mãe dos Padres Brancos) em Alger no dia 10 de setembro de 1901. Um mês depois, em 24 de outubro, celebrou a primeira missa em Taghi e estava feliz. Quatro dias depois, encontrava-se em Béni-Abbès, onde, no dia seguinte à sua chegada, celebrou a primeira missa, cumprindo uma promessa que fez a Nossa Senhora da África. Logo escreveu a Huvelin que celebrou a missa com os oficiais, suboficiais e soldados, fazendo lotar a sala do local. Foucauld instalou o

Santo Sacramento no lugar próprio, em um Tabernáculo, somente no dia 2 de dezembro. Foucauld, tendo decidido instalar-se em Béni-Abbès, a algumas centenas de metros do posto militar, construiu uma espécie de dispensário, onde cuidou dos doentes, deu hospitalidade às pessoas de passagem e distribuiu alimentos aos habitantes do oásis – caridade que, para aquela época, início do século XX, parecia ser o mais extraordinário do cristianismo. Ele também trabalhou arduamente no resgate de escravos.

Em janeiro de 1902, escreveu a Monsenhor Guérin: "Uma das grandes consolações de minha vida: a graça de poder resgatar um jovem escravo sudanês". Decidiu mantê-lo como hóspede da Fraternidade, esperando enviá-lo um mês mais tarde aos Padres Brancos da Maison Carrée para ser levado ao Sudão. Ele o inscreveu como catecúmeno sob o nome de José do Sagrado Coração, inaugurando assim em Béni-Abbès a instituição catecumenal, como faziam os fundadores das comunidades cristãs em país de missão.

Apesar de sua alegria pela instalação do Santíssimo Sacramento e da libertação de um escravo, Charles de Foucauld constatou uma triste realidade que chegou a ser revoltante, relatada à prima no dia 2 de fevereiro de 1902: "Aqui, a escravidão floresce como há dois mil anos, em plena luz do dia, sob os olhos e com a permissão do governo francês".

Como era de seu caráter e temperamento, não sossegou até denunciar a situação ao seu bispo, nomeando os franceses como os verdadeiros culpados por isso. Afirmou que era por ordem do general Risbourg, confirmada pelo coronel Billet, que a escravidão continuava sendo mantida. E, para que os monges vissem tamanha hipocrisia, encaminhou sua denúncia à Trapa de Notre-Dame-des-Neiges – uma vez que o governo francês utilizava o selo "liberdade, igualdade, fraternidade, direitos humanos" mas mantinha os escravos presos a ferro, condenava à prisão os que falsificavam os cheques e permitia serem tiradas as crianças de seus pais. Para

Foucauld, não bastava que a Trapa auxiliasse os que sofriam, era preciso também que se denunciasse sua opressão. Era um ataque ao nó do problema: a lei só permitia a escravidão porque estava baseada numa declaração formal do general Risbourg, que se tornara o senhor da lei na região.

Foucauld denunciava injustiças e casos de escravidão às autoridades francesas, sempre com o mesmo rigor, apontando que os marabutos mulçumanos também tinham escravos e queriam perpetuar essa situação. Ele levantava a bandeira da libertação, afirmando que as pessoas escravizadas precisariam ser libertas para que trabalhassem e pudessem melhorar de vida e ter mais dignidade.

E ele continuou pensando que seria um grande progresso quando as populações, sob regime francês, pudessem viver mais próximas da justiça. Assim, anos depois, ainda na luta contra a escravidão, escreveu ao capitão Gardel em 24 de agosto de 1913: "Eles deviam estar sob um regime justo. Eles têm o direito a igualdade social, supressão de castas, retirada de abusos e proteção contra toda violência e exigência".

Toda a tarde, lia o Evangelho para os soldados. No dia 9 de fevereiro de 1902, resgatou o primeiro jovem escravo mulçumano (já citado antes), que recebeu o nome de José do Sagrado Coração em razão de o fato ter ocorrido no Dia de São José. Depois de José, resgatou um rapaz a quem deu o nome de Paulo, além de um pai de família no dia 15 de outubro. Este Paulo, catorze anos mais tarde, seria a principal testemunha da morte de Foucauld.

No dia 22 de julho de 1902, realizou o primeiro Batismo em Béni-Abbès: o de dona Maria José Abdjesu Carita. A mãe de Maria foi batizada no dia 5 de maio de 1903 devido a seu estado de saúde e a pedido dela. Maria fazia aulas de catequese com Pedro e Paulo, e os quatro viviam na casa da Fraternidade. José foi morar com os Padres Brancos, que o levaram para junto de seus familiares no Sudão.

Quando chegou o dia de reconduzir José a seus pais, ele era um jovenzinho de 12 anos. Originário de Touat, fora carregado já havia três anos por uma caravana berbere. Laperrine disse que esse retorno do jovem recuperado foi uma das boas lembranças de sua vida saariana. A alegria desse jovem que retornou ao seu lar, a alegria de seus pais e o entusiasmo de seus colegas ao ouvir a sua odisseia, bem como os aplausos ao marabuto cristão por trazer aquela criança de volta ao seu lar, formaram um quadro que ele não pôde esquecer jamais. Foucauld sempre se preocupou com a justiça na sua chegada a Béni-Abbès – e penso que em toda a sua vida.

Desde sua chegada a Béni-Abbès, mudou em seu discurso "eremitas" para "irmãozinhos do Sagrado Coração de Jesus". Seria a necessidade da realidade? O redemoinho modificou a sua visão da realidade? Aqui lembramos um velho ditado francês, que diz que a terra é pequena e que sempre nos reencontraremos.

Um judeu marroquino estabeleceu uma *boutique* na porta do correio. Qual não foi a alegria de Foucauld ao reencontrar nesse vendedor uma das crianças da casa onde ele fora recebido com hospitalidade em 1883, quando fazia o reconhecimento do Marrocos. O entusiasmo e a surpresa do judeu também foram muito grandes ao reencontrar a pessoa hospedada por seus pais transformada de rabino russo em padre francês.

Foucauld começou a pensar na possibilidade de outras pessoas quererem viver um ideal como o dele, e passou a escrever as exigências que faria na chegada dos candidatos. Observa-se que nos retiros de 1902 ele fez reflexões para leigos casados; naqueles realizados em 1901, as fez pensando nos sacerdotes.

Charles de Foucauld escreveu a Dom Martin:

> Se você tem qualquer um a me enviar, é necessário ter as seguintes condições:
>
> 1. Ser de boa religião e sobretudo obediente (ou disposto a ser);
>
> 2. Estar pronto a morrer de fome e ao faltar de tudo com alegria por Jesus;
>
> 3. Estar preparado a ter a cabeça cortada com grande alegria por Jesus.

No caso de ser leigo, deve estar atento às leituras de Atos 18,2-3; Atos 18,18-19; Atos 18,26; Romanos 16,3-5; 1Coríntios 16,19; e 2Timóteo 4,19.

Vejamos as passagens solicitadas:

Atos 18,2-3 – 2. Ali encontrou um judeu chamado Áquila, natural do Ponto, que, com sua esposa Priscila, tinha chegado recentemente da Itália. Isto aconteceu por causa do decreto de Cláudio, que obrigava todos os judeus a saírem de Roma. Paulo os procurou, 3. e, como exercia o mesmo ofício, ficou trabalhando na casa deles. Eram fabricantes de tendas.

Atos 18,18-19 – 18. Paulo ficou algum tempo em Corinto. Depois se despediu dos irmãos e embarcou para a Síria, acompanhado de Priscila e Áquila. Mas antes, em Cêncreas, cortou sua cabeleira porque havia feito um voto. 19. Chegando a Éfeso separou-se dos companheiros e entrou na sinagoga para debater com os judeus.

Atos 18,26 – 26. Com toda a firmeza ele começou a falar na sinagoga. Ouvindo-o, Priscila e Áquila levaram-no consigo e explicaram-lhe mais minuciosamente a doutrina de Deus.

Romanos 16,3-5 – 3. Saudai Prisca e Áquila, meus colaboradores em Cristo Jesus: 4. eles arriscaram a cabeça por minha vida e por isso não só eu, como todas as Igrejas das nações, lhes agradecemos. 5. Saudai também a comunidade que se reúne na casa deles. Saudai a meu querido Epêncto, primeira dádiva que a Ásia ofereceu a Cristo.

1Coríntios 16,19 – 19. As Igrejas da Ásia vos saúdam. Áquila e Prisca vos saúdam afetuosamente no Senhor, juntamente com a Igreja que se reúne em sua casa.

2Timóteo 4,19 – 19. Cumprimenta por mim Prisca, Áquila e a família de Onesíforo.

Com esse desejo no coração, ele escreveu O *Evangelho para os pobres do Saara* em 1903, em Béni-Abbès. Todo o seu trabalho e solicitações foram feitos ao observar como celebrar a missa sem assistente e sem ajudante, uma vez que naquela época era terminantemente proibido celebrar sozinho.

Em Béni-Abbès, a presença de Abd Jesu, de Maria e, depois, de Paulo – que chegou ao catecumenato em 1903 – permitiu a celebração da missa diariamente. Charles de Foucauld disse a sua prima que Abd Jesu lhe servia na missa: "[...] eu não peço outra coisa a não ser estar ajoelhado diante do altar em silêncio". Nos últimos meses de 1903, um militar francês muito piedoso, o atirador Girardot, foi servir à mesa da missa e ajudar Foucauld durante o dia. Os pedidos feitos pelo bispo Guérin para obter a dispensa de um servidor e mesmo de um assistente foram feitos a Roma, mas sempre retornavam recusados. Foi necessária uma intervenção direta do padre Burtin ao papa Pio X para obter somente em 1907 uma resposta oral favorável.

Em outro momento da sua estada em Béni-Abbès, Foucauld ficou sabendo que no lugar de combate chamado El-Moungar um pelotão da companhia montada tinha sido atacado, quase sendo totalmente aniquilado. A notícia chegou a Béni-Abbès ao entardecer. Ele percebeu que os cristãos corriam perigo de morte e se encontravam longe de todos os socorros religiosos, então tomou sua posição de subtenente e, sem reter-se um minuto, preparou o cavalo de um cavaleiro árabe. Escoltado de um só cavaleiro, partiu em plena noite para o local de combate, distante a 120 quilômetros. Parou na cidade de Igli somente para trocar de cavalo e de escolta. Ao pôr do sol, chegou ao local onde estava a ambulância de Taglit que transportava os soldados feridos da Batalha de El-Moungar.

Mesmo com a vocação de monge, Foucauld não ficava pensando muito no que fazer diante de trágicas situações do dia a dia. Ele fazia. A respeito da escravidão, após dois meses de sua chegada a Béni-Abbès, escreveu ao padre Abbé de Notre-Dame-des-

Neiges: "Sob a proteção e com a aprovação do governo francês, a escravidão floresce aqui como no primeiro século da era cristã; é horrível! Que devo fazer diante deste horror? Aconselha-me!". E a Henry de Castries: "Eu vos peço, insistentemente, de tornar conhecido o fato da escravidão publicamente permitida e subsistida em terra francesa: eu vos suplico de agir com todo vosso poder para fazer cessar".

Depois de dois anos de busca e questionamentos a tantos amigos, a padres e ao próprio governo francês, chegou à seguinte conclusão, segundo seu diário de Béni-Abbès:

> É preciso trabalhar com todas as nossas forças para eliminar a escravidão: eliminá-la vagarosamente, progressivamente, realmente, de maneira a melhorar não somente a situação material, mas sobretudo a moral dos escravos: a melhor forma, parece, é encorajar, espalhar, propagar a maneira de agir do Capitão Métois em Tidikelt; ela permite a todos os escravos se libertar reembolsando a seus donos o valor de seus gastos... E, para que eles possam conseguir este valor, o Capitão Métois dá aos que lhe pedem bastantes dias de trabalho para que a soma dos salários desses dias represente sua alforria/resgate. Os donos, assim, não têm nada a reclamar, recebem o que lhes é devido. A libertação se faz pouco a pouco e ela se faz acostumando o escravo ao trabalho e mostrando que o trabalho dá a liberdade e a abundância... O capitão Métois forma, em seguida, cidades novas (perto de fontes melhoradas) entre os escravos assim libertados: tudo isto é excelente e digno de ser imitado, propagado. Isto parece ser o melhor para resolver a questão da escravidão, sob o ponto de vista material.

Quanto aos relacionamentos com os soldados: em Béni-Abbès, contou-nos Bazin:

> Um dos soldados que esteve mais em contato com ele nesse tempo contou que ele regressava muitas vezes ao

descampado depois do sol posto. Sempre atento em atrair as almas de boa vontade, tornava-se mais cortês e mais cauteloso para com os humildes, com os quais nós não nos importamos – e estas pessoas humildes se relacionavam muito bem com Charles! – e sentia-se melhor com elas do que com os grandes e poderosos da terra; Charles as acompanhava, falava num tom amigo de Deus e da beleza da noite. À volta deles, o silêncio absoluto e o espaço deserto; por cima, um céu imenso onde nem sequer uma estrela deixava de brilhar. A areia emitia um bafo quente. E lá iam o soldado e o amigo tenente trilhando uma pista que mal se via, agradecendo a Deus uma amizade inesperada, de que ELE era o princípio e o fim. E esta conversa durava algum tempo. Depois, Charles de Foucauld abaixava para tatear a terra com uma das mãos, para verificar se tinha atingido o limite da clausura. E quando tocava nos seixos alinhados, dizia: "Não posso ir consigo até mais longe, até aqui vai a clausura. Até breve".

Só saía da clausura para cumprimentar um chefe saariano que por lá passasse, como Laperrine ou Lyautey, ou um sábio em missão científica nessa região árida. E, sabendo das necessidades dos soldados, pela solidão que sentiam, escreveu em tom pessoal:

Meu caro amigo:

Disseram-me que à noite se entristece, e que os serões lhe são pesados... Queira vir passar os serões aqui comigo, se é que é permitido sair do acampamento, o que ignoro. Prolongá-los-emos tanto quanto lhe aprouver, cavaqueando fraternalmente sobre o futuro, sobre os seus filhos, sobre os seus projetos... Sobre o que deseja e espera para si e para aqueles que ama ainda mais que a si próprio... À falta de melhor, encontrará aqui um coração de irmão.

Parece que me tinha falado para lhe arranjar uma pequena história de São Paulo... Quereria muito escrevê-la, mas não posso fazê-lo, porque tenho outras coisas a preparar com urgência neste momento. Poderei, no entanto, contar-lhe, misturando as minhas palavras com passagens das cartas que tenho, e que são admiráveis...

O pobre oferece-lhe o que tem. O que lhe oferece é principalmente o tempo e fraternal afeto, a sua profunda dedicação ao Sagrado Coração de Jesus.

Frei Charles de Jesus

A partir de 1904, era bem difícil falar do Saara sem mencionar o nome de padre Foucauld. No futuro, terá sempre o complemento: Apóstolo dos Tuaregues.

Já fazia três anos que ele se instalara em Béni-Abbès e, vendo os militares e os missionários brancos adentrarem-se mais ao interior da Argélia, começou a interrogar-se da necessidade de fixar-se ou não naquela região.

Antes havia pensado fixar-se na fronteira com o Marrocos, mas mudara de opinião. O que os ventos fazem! Ele só tinha a certeza de como deveria viver: silenciosa e secretamente, como Jesus em Nazaré; obscuramente como ele, pobre, trabalhador, humilde; docemente desarmado e mudo perante a injustiça sofrida (mas na luta pela justiça em defesa do pobre, tal como Jesus), sem resistir, tampouco falar.

Enquanto estava tendo esses questionamentos, recebeu uma carta muito especial de um marroquino do tempo de seu reconhecimento do Marrocos. Tratava de pessoas que o ajudaram muito e que proporcionaram a ele a experiência de que "a semelhança é a medida do Amor".

Casablanca, 16 de agosto de 1904

Estou ansiosíssimo por receber notícias a teu respeito, porque há já muito tempo que as não recebo, o que muito me penaliza. Perguntei por ti ao cônsul da França nesta localidade, e ele disse-me que te encontravas em Jerusalém, na Terra Santa, ao serviço de Deus, e que tinhas sacrificado o teu tempo ao Eterno.

Felicito-te e estou certo de que o mundo já não te interessa, já que tens o essencial para o presente como para o futuro. Peço-te o favor de escreveres ao embaixador da França em Tanger, informando-o do meu trabalho e dos meus serviços durante a tua estadia em Bualjade. Para quê? Para que o embaixador escreva ao cônsul daqui, dando-lhe provas do carinho com que te tratei.

Desde já te agradeço, felicitando-te pela carreira que escolheste.

O servo sempre dedicado

Hadj-Driss-El-Cherkaoui de Boujaad. Acompanhei-te na viagem de Cabil-Tadla.

Como será que essa carta chegou a Foucauld? Ele, que havia andado tanto! No artigo de Laperrine, encontramos: "Esta carta foi endereçada ao oficial francês Foukou, que apresentou-se como rabino russo, visitou Marrocos em tal ano de Hégira (ele tinha mais de 20 anos)". Menos de dois meses depois, ela foi encaminhada ao padre Foucauld, a Béni-Abbès (extremo sul do Orã).

Charles de Foucauld teve dois grandes amigos: Gabriel e o comandante Laperrine. Este último o convidou a conhecer mais o sul do país e o motivou a ser um desbravador "espiritual e colonizador francês". Receber um convite desses, e vindo de um amigo, fez Foucauld solicitar a seu diretor espiritual e ao bispo da época a permissão de ir com uma comitiva militar até o sul.

Com sua experiência de vida, pensou como tratar os soldados nativos. Acreditava que devia falar-lhes sempre a sério e das coisas do Céu, nunca das terrenas; ter com eles boas maneiras e ser prestativo, evitando a familiaridade e conversas inúteis, nunca aceitando presentes. Dar-lhes conselhos de perfeição sobre os seus assuntos familiares, se eles os pedirem; nunca dar notícias das coisas que passaram. E seguir dizendo que é necessário esforço para manter o maior número de relações, no entanto conservando certa discrição e reserva.

Naquele ano, Foucauld já tinha bem claro quais limites devia impor nas relações com os nativos, com os povos que encontraria pelo caminho. Talvez a experiência religiosa de Béni-Abbès o tivesse amadurecido um pouco mais no âmbito das relações humanas. Perceber o outro, respeitar as diferenças, não é tão simples como pensamos. Muitas vezes vivemos olhando somente para o nosso umbigo, admirando nossa família, nosso país, nossa cidade, nossa cultura.

Foucauld também entendeu que devia ensinar o tamasheq em vez do árabe aos tuaregues, pois a língua deles, além de excelente, era muito fácil. Sua ideia era introduzir pouco a pouco as palavras indispensáveis para exprimir ideias religiosas e virtudes cristãs, além de aperfeiçoar o sistema de escrita, mas sem o modificar. Pretendia ler-lhes passagens relacionadas à religião natural, ou à moral, tais como a Parábola do Filho Pródigo, a do Bom Samaritano e a do Juízo Final, comparando esta última a um pastor que separa as ovelhas dos bodes. "Logo que surgirem as primeiras conversões, será necessário um catecismo em tamasheq" – pensava ele.

No dia 12 de março de 1904, Foucauld escreveu a Monsenhor Guérin:

> Você me falou para "tomar um nome sob o qual os nativos possam me chamar". Eu o fiz no caminho desta pequena viagem: tomei o nome de Abd Isa (diminutivo muito usado no Oriente de Abd Aïssa). Reze para que eu seja um bom Abd Isa! [Servidor de Jesus]

À medida que o tempo passava e as suas ideias cresciam em relação a sair de Béni-Abbès para ir mais ao sul, ele sentiu necessidade de retirar-se um pouco para rezar – desejo sempre alimentado em suas decisões principais.

No final do ano de 1904, de 12 de novembro a 26 de dezembro, Foucauld resolveu junto ao padre Guérin, no silêncio e na solidão, fazer um exame de consciência muito rigoroso e, paralelamente, tomar decisões claras do que devia fazer daí para frente. Uma delas era vigiar sempre dentro de uma capela; a outra era procurar estar em comunhão espiritual ao falar com alguém ou escrever – e, quando não estivesse ocupado com algum exercício espiritual, devia rezar ave-marias, para a instauração no Reino do Sagrado Coração de Jesus. O mesmo deveria ser feito durante o trabalho manual e quando acordasse à noite.

Para ir ao sul do Saara, teve de pedir permissão ao bispo e ao diretor espiritual. Porém, como a resposta não chegou a tempo de partir com o comboio militar, ele escreveu a dom Guérin:

> Eu não recebi resposta. Nenhuma que viesse de vós. Eu partirei dia 6 de setembro. Se eu receber a ordem de vós de não ficar no sul, eu não ficarei. Eu não parto rapidamente por falta de obediência a vós, bom e amado e venerável Pai, mas porque a mais perfeita obediência – e faz parte de sua perfeição – comporta, em certo caso, a iniciativa. Se eu parto sem hesitar é porque estou pronto a voltar sem hesitar; assim tão facilmente eu parto como volto. Eu parto aguardando com interesse, porque quem sabe se é possível, saberá um mês mais tarde... Eu creio fazer o melhor. Se vós quereis que eu retorne aqui, escreve-me. Eu voltarei com alegria de obedecer a Jesus: "Quem vos escuta, Me escuta"... e admito felicidade profunda também de reencontrar o tabernáculo, de que eu vou ser privado certo tempo. Escreve-me aqui, as cartas seguirão.

A sensibilidade de Foucauld aumentava a cada dia e a cada retiro, o que o fez estar com um olhar aguçado e orientar as pessoas do seu contato, dando os seguintes conselhos:

> Seja discreto, reservado, sem curiosidade, sem expressões excessivas, de maneira a atraí-los. Não vá à casa

deles, não os incomode, não entre em suas aldeias sem necessidade, nem em suas tendas ou casas, a menos que seja chamado e/ou convidado... a precipitação pode estragar tudo. Viva o mais que possível igual a eles. Vá primeiro e especialmente aos pobres, segundo a tradição evangélica.

Com esses conselhos e cuidados, ele visitou as tribos e, como era de se esperar, essa visita se desenvolveu segundo o plano desejado por Laperrine.

No dia 22 de abril de 1904, Charles de Foucauld constatou que a região de Tin Zaouaten, graças a suas águas que não secavam e suas bonitas pastagens, estava cheia de tendas: Hoggar, Taïtoq, Iforas e acampamentos. "Nós recebemos muitas visitas, em toda a viagem, mais ainda que em outros lugares, os tuaregues se mostram mais confiáveis, mais dóceis e mais próximos que os árabes", afirmou.

Entretanto, ao fim de sua primeira visita aos tuaregues, Foucauld presenciou, com dificuldade, atritos entre sudaneses e tuaregues. E, assim, anotou em seu caderno:

> Vi discussões entre os dois grupos, com as queixas de saques e banditismo feitas às tropas e aos chefes do destacamento sudanês. Feridos porque aquele comportamento, contrário ao de Iforas, era pouco francês a seus olhos e, também aos olhos deles, pouco cristão.

Charles de Foucauld anotou no seu diário: "Depois de fraternalmente apertarmos as mãos na chegada, partirei amanhã sem dizer adeus, porque não quero pactuar com essas infâmias".

Em 28 de maio de 1904, após um período passado junto aos tuaregues e de, com Laperrine, ter feito todo o reconhecimento da região e da língua e do povo, Foucauld começou a pensar na possibilidade de ficar um tempo com os tuaregues, e um tempo em Béni-Abbès. É claro que, para isso, teria de ter a permissão militar francesa e da Igreja local.

Quando decisões assim tinham de ser tomadas, sempre encontrava obstáculos do chefe Laperrine e de seu subchefe Métois, que discordava, opondo-se a alguns pontos de fixação. Podemos observar isso num extrato da carta de Foucauld, de 14 de junho de 1904, endereçada ao Monsenhor Guérin:

> Eu tenho coisas a vos dizer que não posso colocar em uma carta... Por razões que vos direi, não podes, nem vós nem eu, estabelecer presentemente, fundar uma missão em Tidikelt, nem morar com os tuaregues. Mais tarde, isso será possível com a graça de Deus, mas não agora, eu vos explicarei de viva voz.

Nesse mesmo dia, ele teve de decidir se continuaria com Laperrine, voltando a Béni-Abbès, ou se permaneceria com outro destacamento francês, comandado por Roussel junto aos tuaregues por mais três meses. Então, quando seu diretor não pôde ser consultado, Foucauld buscou a resposta no Evangelho e na sua consciência com as luzes da graça imploradas pela oração e pela penitência.

Nesses casos, Charles de Foucauld nos ensinou, em suas meditações a respeito do Santo Evangelho sobre a imitação do Bem-Amado, três meios de conhecer a vontade divina: o diretor espiritual; o Evangelho e a nossa consciência. Escreveu numa certa meditação:

> Obedecer a Deus, nós devemos e podemos todos os instantes de nossa vida, como Jesus: ele se viu em todo momento na vontade divina; nós deveríamos nos conhecer em todas as coisas, por meio de nosso diretor espiritual que diz "Quem vos escuta, Me escuta", esta mesma é a vontade divina. Na impossibilidade de consultar nosso pai espiritual, nós temos como guia o Evangelho e a consciência questionada com as luzes da graça implorada pela oração e penitência. E assim ele decidiu neste mesmo dia que era a ocasião de me fazer conhecido dos tuaregues desde o primeiro momento; e esta era uma

oportunidade única de ser para eles um amigo dos primeiros dias. E, sob o ponto de vista de meu estabelecimento futuro aqui, vale a pena que os franceses e os tuaregues se habituem a me ver aqui.

Ele aproveitou seu tempo para se comunicar com os tuaregues que encontrou.

Transcrevo a seguir uma conversa simples com uma pessoa que estava perto do destacamento de Roussel:

> Vejam as perguntas e respostas desta conversação:
> Eu me chamo Abd Isa. E você? — Seliman. — Que é que você faz aqui? — Eu estou só habitando nas fontes, sem mulher, nem companheiro, eu cultivo horta por minha conta. — Há quanto tempo? — Eu tenho desbravado este pequeno pedaço de terra há dois ou três meses somente. Outras vezes, eu tenho tentado cultivar no leito do rio; a guerra entre Oulad Ba Hammou e os tuaregues, e entre franceses e tuaregues, me forçou a abandonar esta tentativa. A paz veio, eu voltei, há uns três meses, neste canto onde eu tenho guardado boas lembranças, e eu tenho feito um pequeno cultivo de bechna e de painço e regado com um bom poço. Para proteger os cultivos das inundações do rio, isto é uma coisa indispensável, eles estão sobre uma altura de dois metros acima do leito do rio. — Como as regas? — Por um poço, profundo de dois metros ou dois metros e cinquenta. A água cai em um depósito que, por duas bocas, a distribui por dois canais que a conduzem por toda a plantação. — Poderá ter mais cultivos? — Elas poderiam ser mais desenvolvidas. Há sempre água corrente no rio; outras vezes, temos cultivos a dez quilômetros mais ou menos e a água corrente vem do alto de uma nascente, quatro ou cinco figueiras são os vestígios de plantações

antigas, há muito tempo abandonadas... Podemos aumentar a canalização, cultivar em outros lugares do rio...

No dia 26 de novembro de 1904, ele escreveu a Monsenhor Livinhac, primeiro responsável dessa nova missão, relatando a sua primeira experiência entre os tuaregues:

> Durante seis meses passei entre os tuaregues, eu via tuaregues todos os dias. São muito mais abertos que os árabes, mulçumanos de nome, mas de pouca prática e de pouco fanatismo, eles se afastam de nós por ignorância, desconfiança, e pelas mentiras e histórias de seus marabutos – todos de origem árabe e pouco numerosos –, acreditam os cristãos. Desde que se inicia o conhecimento, eles veem seu erro e se abrem muito: todos os europeus que se relacionam com eles são unânimes em dizer que eles são bem mais próximos de nós que os árabes [...]. Timimoun, Le Touat, Aoulef, maiores cidades do Hoggar, são lugares designados para missões, onde vossos padres encontrarão populações bem mais fáceis, bem mais abertas, bem mais acessíveis, que os Mozabitas e os Châamba; tudo deixa esperança de que seu apostolado será bem mais fecundo [...]. Eu peço a Jesus de enviar operários nesta parte de Seu Reino, às suas ovelhas perdidas, e a fazer, por vossos padres, reinar seu coração nesse Saara, já regado com seu sangue.

Depois da primeira passagem de Foucauld entre os tuaregues, eles ficaram impressionados com ele e disseram ao tenente Roussel de In-Salah que guardaram uma boa lembrança do marabuto. Estavam prontos, se Foucauld retornasse entre eles, a pedir que o marabuto ficasse por ali e se instalasse.

No dia 8 de junho de 1905, ele foi pela segunda vez ao Hoggar com a autorização dos padres Guérin e Huvelin. Nessa viagem, procurou um lugar para se instalar e também para a recepção de outras pessoas, caso viessem para conviver com ele. A primeira coisa que verificava era se o local tinha água fácil. E a sua escolha foi Tarzarouk, mas o povo de lá não permitiu.

Em 28 de junho, Foucauld encontrou o chefe dos tuaregues, Mousa ag-Amastane, e, tendo a aprovação dele, decidiu mudar-se para o Hoggar, em Tamanrasset. Entrou no Vale de Tamanrasset no dia 21 de julho de 1905 para conhecer melhor a região e decidir o ponto onde se fixar. Escreveu a sua primeira impressão:

> Por Graça singular de Jesus, meu Divino Bem-Amado, posso instalar-me e fixar-me em Tamanrasset ou em qualquer outro ponto do Hoggar, e ter uma casa e um quintal, onde posso ficar para sempre... Escolho Tamanrasset, aldeia de vinte fogos, situada em plena montanha, no coração do Hoggar e dos Dag-Rali – a tribo principal – e afastada dos centros importantes. Parece-me que nunca haverá aqui uma guarnição, nem telégrafo, nem qualquer europeu. Durante um largo espaço de tempo, não haverá aqui uma missão. Escolho este lugar abandonado para me fixar nele.

Naquele momento, enfrentou uma pequena dificuldade para instalar-se ali. Estava longe de outro sacerdote, a sessenta dias de viagem de Beni-Unif. Mas sabia que nessas condições, mesmo sabendo de sua miséria pessoal, não estava obrigado a confessar-se, como era costume entre os sacerdotes naquela época.

No dia 15 de agosto de 1905, na festa da Assunção, somente quatro dias nesse local escolhido como o mais útil para o próximo, ele rezou: "Mãe da Santa Família, faz-me viver a vida da divina Família de Nazaré, faz que eu seja vosso digno filho, o digno filho de São José, o verdadeiro irmãozinho de Nosso Senhor Jesus".

Celebrou a primeira missa no Hoggar no dia 7 de setembro de 1905. E escreveu a Bazin dizendo que deveria: "Dar a segurança a nossos soldados... e sobretudo santificar as populações infiéis estando no meio deles Jesus presente no Santíssimo Sacramento, como Maria santificou a casa de João Batista levando Jesus".

Nessa mesma semana, de 18 de setembro de 1905, Huvelin enviou esse conselho ao seu dirigido: "Nazaré está em todo lugar onde se trabalha com Jesus na humildade, na pobreza, no silêncio".

À sua prima, Foucauld escreveu no dia 16 dezembro 1905: "Eu não sofro por causa da solidão, eu a sinto muito doce; eu tenho o Santíssimo Sacramento, o melhor dos amigos, a quem posso falar dia e noite; a Santíssima Virgem e São José, eu tenho todos os santos; eu sou feliz e nada me falta".

E, assim, um dos seus biógrafos disse: "Agora penso que ser cristão significa estar disposto a deixar-se interromper, e que tão certo é que não podemos chegar a Deus sem os outros, como não podemos fazê-lo mais que na solidão".

Capítulo V
Após a tempestade tudo silencia...

Charles de Foucauld encontrou seu lugar. Escolheu o sul da Argélia, no Hoggar, no Saara, em um povoado de vinte famílias. Ele visitou esse local pela primeira vez em 13 de janeiro de 1904 à procura de moradia. Como sempre, quando o vento bate, o balanço e o movimento se fazem. Podem vir areia, ciscos, galhos, folhas e muitas vezes uma brisa suave ou um tufão. No caso, foi uma brisa suave.

Primeiramente, ele carregava consigo os resultados de sua vivência em Béni-Abbès. Decidiu que na nova morada buscaria uma aproximação mais simples, mais humilde, mais pobre, e anotou o resultado de suas decisões no seu diário de Béni-Abbès:

> Ser tão pequeno e ser tão pobre como Jesus em Nazaré. Não procurar preparar um local como fiz em Béni-Abbès. Não procurar dar vultuosas esmolas, mas dar o excedente à medida que houver, como fazia Jesus, Maria e José em Nazaré; não procurar, estando só, não dar esmola e hospitalidade como faria uma fraternidade de 25 irmãozinhos: na dúvida, conformar-se sempre com aquilo que Jesus fazia em Nazaré

E, somando a isto, ele estava acompanhando uma campanha militar coordenada pelo seu amigo Laperrine. Ele escolheu Tarzarouk, porém o povo não o aceitou lá. O vento estava por acabar, mas ainda conseguiu deslocá-lo para Tamanrasset.

Para instalar-se em Tamanrasset, Foucauld pediu autorização ao chefe dos tuaregues, Mousa ag-Amastane, em 28 de junho de 1905, e mudou-se para lá no dia 21 de julho de 1905. Outros autores, como irmãzinha Annie, dizem que ele se mudou no dia 11 de agosto. Charles de Foucauld sempre afirmou: "Minha vocação ordinária é a solidão, a estabilidade, o silêncio... Mas se acredito ser chamado excepcionalmente a outra atividade, só posso dizer, como Maria: 'sou a serva do Senhor'".

O local escolhido era pobre em água e em pastagens. Nessa situação climática, os tuaregues se separavam e se disseminavam à procura de água e de alimento para seus animais. Eles viviam em pequenos grupos, estavam em todos os lugares.

Na opinião de Foucauld, o único defeito de Tamanrasset era a falta de um sacerdote na vizinhança ou então a uma distância razoável. Dizia ele: "Levo uma média de sessenta dias para chegar a Beni-Unif, único local onde posso encontrar um sacerdote. Creio que não estou obrigado ao preceito da confissão, em tais condições. Apesar da minha miséria, vivo tranquilo e inundado de paz".

Ele mal chegou ao local e já pensava como relacionar-se melhor entre os tuaregues. Por isso, merece ser destacada a carta enviada a dois Padres Brancos no dia 13 de dezembro de 1905:

> Vender o cretone e o algodão azul a preço razoável, esta é a maneira bem simples de fazer vir todo mundo a si, de encontrar todas as portas abertas, de romper todas as barreiras de relações, isto é, de quebrar o gelo... Aquele que vende, sendo uma boa alma para causar boa impressão, terá bons amigos em todo o país; assim [...] pequenos comerciantes franceses honestos seriam acolhidos com bondade pelas autoridades que avermelham-se de seus compatriotas estabelecidos no sul: o francês não vem se estabelecer no Oásis se não é para ser vendedor de álcool... é uma vergonha! Precisamos de cristãos como Priscila e Áquila, que fazem o bem em silêncio levando a vida de pobres mercadores; relacionando-

se com todos, eles se fizeram amar por todos e fizeram o bem a todos [...], eles ganharam suas vidas sem sofrer, as autoridades os recebiam de braços abertos; nenhum obstáculo os encontrava.

Sendo assim, a preocupação de evangelização estava presente e ele sempre reviu qual o seu caminho e o que Deus queria dele. Buscava almas irmãs e que estas desejassem o mesmo: ter como regra de vida o Modelo Único. Se ele ainda não havia modificado o hábito religioso que o colocou como marabuto cristão, previu que os cristãos nessa região poderiam usar as vestimentas laicais e fariam "tudo a Jesus de coração".

Celebrou a primeira missa no Hoggar no dia 7 de setembro de 1905. E, a partir dessa data, tonou-se nômade, indo e vindo de Tamanrasset a Béni-Abbès a cada seis meses. Nessas idas e vindas, sempre fez paradas de uns dias em In-Salah, onde construiria uma pequena casinha de passagem. Paulo, ajudante da missa, catecúmeno que ele levara consigo de Béni-Abbès, havia ido embora pouco antes da primeira missa. Charles não deu explicação alguma sobre a ida de Paulo e emitiu apenas uma frase pedindo misericórdia: "Ó meu Deus, fazei que eu possa continuar a celebrar o Santo Sacrifício da Missa! Fazei que esta alma não se perca! Salvai-a!".

Mesmo sendo nômade, desbravador, missionário e muitas vezes chamado por autores de eremita, ele se preocupava com a salvação dos não católicos, pois a extensão de sua "paróquia" era de dois mil quilômetros, de norte a sul, e mil quilômetros de leste a oeste, com dez mil almas dispersas nesse espaço de sua atuação.

E assim, no início da sua permanência em Tamanrasset, foi de acampamento em acampamento, tentando conquistar a confiança e construindo a amizade. Foucauld percebeu que nessa vida nômade tinha a vantagem de observar muitas almas e de conhecer o país e fazer-se conhecer. E seu desejo sempre foi o natural: querer mais pessoas que trabalhassem com o mesmo objetivo.

Michel Nurdin, um irmãozinho de Jesus, escreveu, citando uma das cartas de Foucauld:

> Se Jesus colocar neste caminho moças ou viúvas com desejo de pertencer a Jesus, sem entrar em convento e/ ou portar hábito religioso, e prontas a dedicar tudo a Jesus como enfermeiras leigas nesse país perdido, na mais extrema pobreza, você pode me fazer saber... Eu creio que me será possível conduzi-las a qualquer lugar do Saara onde elas terão uma vida de adoração ao Santo Sacramento, de acolhimento e dedicação a todas as misérias materiais dessas populações nativas, e onde elas levariam uma vida toda oferecida a Jesus, ficando leigas.

E ele prosseguiu:

> Precisamos de bons padres, não para pregar; mas para tomar contato, se fazer amar, inspirar estima, confiança, amizade, desbravar terreno antes de semear. Precisam-se de bons cristãos leigos dos dois sexos, para fazer o mesmo papel, entrar em contato mais próximo ainda, entrar lá onde o padre dificilmente entra, sobretudo nas casas mulçumanas, mostrar a vida cristã, a família cristã, o espírito cristão.
>
> E tomem por modelo a vida de Nazaré, que fornece exemplos a todos os estados de vida. Celebração e adoração eucarística, cada um à sua maneira, deve nos comprometer no "extremo amor" de Jesus por seus irmãos e primeiro a fazer-nos "viver por ele como ele vive pelo Pai". Todos devem trabalhar aprendendo com todos os homens, mas não pelos mesmos meios – meios colocados pelo Charles em detalhes segundo a diversidade da situação e das vocações da Igreja.

Essa preocupação de evangelização ele já a trouxe consigo pensando na evangelização dos nativos. Ao expor essas ideias, acreditava que os exemplo dos franceses cristãos poderiam auxiliar na evangelização.

Em novembro, Foucauld sentia somente a falta de celebrar, pois os livros já tinham chegado e havia a solidão desejada. Ele contava com o Santíssimo Sacramento nessa época e renovava as partículas quando passava por lá um cristão; assim, podia celebrar. Não comungava fora da missa, pois julgava não ter esse direito. Era outra época.

Em Tamanrasset, Charles tinha uma reserva de trigo, que moía e distribuía às pessoas que lhes estendiam as vasilhas vazias; fazia comida para as crianças e as reunia para lhes matar a fome. Servindo-as, esquecia de reservar uma parte para si.

Para atrair os adultos tuaregues, ocorreu-lhe mostrar algumas fotografias que possuía. Agradava muito mais as fotos de pessoas e de animais do que as de monumentos e ou paisagens. Estas ele deixava para o final. Toda a sua coleção de fotografias caiu em esquecimento quando enviaram da França um gramofone. As peças musicais mais animadas enlouqueciam os tuaregues a ponto de muitos deles não deixarem de dançar ao seu ritmo. Foi assim que começou a conhecer-lhes melhor.

Como sempre, na solidão, tinha de fazer opções vitais, as quais lhe trouxeram sofrimentos. Mudanças vitais nunca são fáceis. A adaptação e o fato de não poder partilhar com ninguém seu ideal não devem ter sido fáceis. Isso causava um isolamento e período de desânimo. A oração era uma verdadeira luta. E disse a Huvelin em uma carta de 15 de julho de 1906:

> Não estou contente comigo mesmo; sou covarde e frio, extremamente tíbio nas minhas orações, nada de mortificação. Minha vida é terra a terra, ora os pensamentos insuportáveis fazem uma guerra contra mim. Essa dificuldade ocorre o tempo todo. Ao chegar aqui, comecei uma tradução de passagens de bíblia e léxico francês-

tuaregue e tuaregue-francês; dedico a isso muito tempo, às vezes, refugio-me nessa tarefa para encontrar asilo contra os pensamentos que me assaltam durante a oração. Estou errado por distrair-me assim? É melhor continuar meus exercícios de piedade sem desviar disso um minuto, pedindo ao bom Deus que me ajude?

Alegrou-se com a chegada de Michel. Foi o primeiro candidato a desejar seguir junto o caminho que Charles de Foucauld estava palmilhando. Entretanto, isso durou apenas três meses. Michel chegou em março de 1907, mas, mesmo tendo excelentes qualidades e vocação religiosa, saiu porque não se conhecia o suficiente; tinha necessidade de vida comunitária e de uma obediência contínua. Podemos perceber que nem toda situação missionária-religiosa pode comportar a obediência contínua.

Em maio de 1907, ao escrever à sua irmã, Foucauld deixou clara a importância de estar entre o povo com quem ele pretendia evangelizar. O fato de estar entre eles permitia conhecê-los melhor e ser conhecido. Para começar o trabalho, tinha dois objetivos: relações afetuosas com as pessoas e o conhecimento da língua.

Foi também nesse ano de 1907 que Foucauld tornou-se insistente no direito e no dever de celebrar a missa sozinho, sem assistente e sem acólito. Porém, como resposta de seu superior, recebeu duas opções de solução: que fosse morar perto de um acampamento francês ou mesmo que se instalasse em In-Salah, ou ficasse no Hoggar sem missa. Charles respondeu, em julho, que se abandonava às mãos de Deus e que afirmava sua opção:

> Ir para o Hoggar, deixando a Deus o cuidado de dar meios de celebrar, se ele o quer, [...] porque depois dos apóstolos, os maiores santos sacrificaram em certas ocasiões a possibilidade de celebrar, para realizar trabalhos de caridade espiritual, viagens ou outras coisas.

E Foucauld complementou as vantagens de estar só no Hoggar: "Residir só em um país é bom, isto é ação, mesmo sem

fazer grandes coisas, porque nos tornamos do país, nós somos fáceis de abordar e nos tornarmos pequenos".
Essa opção de Foucauld ficou bem clara. Mesmo sendo a celebração da missa muito importante para ele, sua vocação primeira era estar com os mais pobres: aqueles que restaram no Hoggar devido à seca violenta. Os que tinham um pouco mais de economias foram à procura de lugares melhores para o seu rebanho, mas os mais pobres nada puderam fazer.

Assim, reencontrou sua clausura, sem clausura: o deserto, implacável no seu rigor ou pelas horas de silêncio e isolamento que exigia fortes temperamentos, coragem no viver diário e, sobretudo, certa vocação. Ele percebia essas determinações nos graduados franceses, que permaneciam perdidos em postos isolados e conheciam bem as necessidades daqueles que lá estavam.

A solidão dos militares foi também observada pelo Dr. Paul George, major médico em In-Salah, quando visitou o Fort-Flaters em 23 de setembro de 1908. O sargento Parent, que comandava a pequena guarnição, suportava alegremente seu exílio:

> Eu o admiro, eu o admiro por estar neste deserto queimado pelo sol e dessecado pelo vento... Eu admiro quaisquer soldados franceses perdidos nessa solidão, cavando poços que talvez salvarão esta terra de morte e levando uma vida de privações em troca de algum pobre benefício.

Na sua visita ao Fort-Polignac, em construção, de 18 a 19 de outubro de 1908, Dr. Paul George recrutou como trabalhadores nativos de Tidikelt. Tratou alguns deles durante a sua estada e constatou que sua alimentação era composta de farinha, açúcar, café e arroz, e mesmo por motivo de dificuldade e da distância de transporte, esses alimentos eram dados com limites, por economia. Os vegetais frescos faziam complemento padrão quando era possível obtê-los. A presença de escorbuto era comum nessas condições, o país não fornecia nada. Não existia população além dos soldados (uma centena de meharistas, isto é, nativos). De forma simplificada, ele dizia que o lugar era horrível por ser sem recurso, e era preciso um oficial que o comandasse com uma moral bem formada para não afundar no tédio e no desespero. Geralmente, esse oficial vivia isolado de sua nacionalidade, num insulamento assustador, recebendo uma vez por mês notícias da França, assumindo uma grande responsabilidade e em alerta perpétuo.

No final de 1907, nas condições de sua opção, Charles de Foucauld passou meses sem receber cartas que esperava de sua família, do padre Huvelin e do bispo Guérin. E antecipou seu retiro para setembro de 1907, ao fim do qual escreveu três cartas importantes. A primeira foi para o seu bispo Guérin, a quem se dirigiu no dia 15 de setembro de 1907:

> Eu pedi desde o primeiro dia até o último do meu retiro, a Jesus, que me esclarecesse a respeito dos não cristãos: minha vocação não é estar só entre eles, mas trabalhar na sua salvação estando na clausura. [...] Isso é o que fazem os missionários em uma série de países; isto é o que fizeram os apóstolos e seus sucessores durante os três séculos de perseguição. Além disso, um Tabernáculo é uma fonte de grandes graças em um país; esses "missionários de Santa Priscila", além de outros bens que eles farão, irão produzir um enorme Tabernáculo multiplicador. [...] Devemos aplicar todos os nossos esforços para a multiplicação dos Tabernáculos. Trazer Jesus vivo e radiante e também oculto como em Nazaré... e também para a multiplicação das missas, pois cada uma é um novo Natal... Isto é o que ilustra claramente o meu retiro.

Na segunda carta, escrita em 2 de novembro de 1907, Charles de Foucauld pede conselho ao padre Huvelin sobre uma ideia que pode ser de grande abertura e acolhimento:

> Em nossa Argélia, não há nada praticamente para os nativos [...]. Nós temos lá mais de três milhões de mul-

çumanos, por mais de setenta anos de progresso moral pelos quais praticamente nada fizemos [...]. Depois de meses pensando nesse mal, eu desejo um bom livro que coloque uma luz para o que devemos fazer por esses irmãos atrasados. E, para escrever esse livro que deve tocar largamente e fazer mover-se, eu pensei em René Bazin, o autor de Oberlé.

Na terceira carta ele pediu, no dia 9 de fevereiro de 1908, a ajuda de oração ao monge trapista Caron:

> Vossas orações me são muito preciosas para que eu não venha de tempos em tempos vos pedir por mim e pelos nativos que me cercam. Esta parte do Reino de Jesus ficou dolorosamente abandonada, esquecida. O Prefeito Apostólico do Saara não dispõe de padres para estas populações dispersas em grandes áreas... Ao fim do verão eu retornarei a Béni-Abbès com a fronteira do Marrocos e lá a miséria espiritual é maior ainda, pois as populações, bem mais numerosas, estão num abandono total. Rezai por tantas almas que, após 1.900 anos, não receberam a Boa Nova ou perderam o conhecimento e a lembrança por muitos séculos. Recomendai esses povos às orações de almas piedosas.

Esse período em que ele escreveu as três cartas foi um momento doloroso. Mesmo sendo simples o seu cotidiano, apesar de ter realizadas as condições de viver só, estava muito doente e teve de renunciar ao essencial: a Eucaristia. A hóstia consagrada, a reserva, que ele guardava no tabernáculo para adoração. Essa ordem veio do Vaticano e foi transmitida no outono de 1907 ao Monsenhor Guérin, mas só no 4 de março de 1908 ficou sem a reserva eucarística no tabernáculo. E essa proibição durou seis anos!

Desde 7 de julho de 1907, Foucauld só podia celebrar quando tivesse acólito e assistente de missa. Monsenhor Guérin fez um pedido especial em maio de 1907 aos seus superiores para resolver essa situação. Nesse período de proibição explicita, Foucauld só celebrou um número de missas menor que os dedos de uma mão por causa da passagem de tenente e subtenente. Contudo, continuou a insistir na permissão junto ao seu superior Monsenhor Guérin. No dia 15 de setembro de 1907, escreveu a Guérin: "Eu não me importo com essa falta de celebração do santo sacrifício: de meu lado, eu tenho feito tudo que eu posso; é bem fácil a Deus me dar uma única coisa que me falta: a autorização de celebrar só, ou mandar um companheiro...".

E anotou na sua agenda de missas que não celebrou a missa de 8 de setembro, do Natal de 1907 e de 1º de janeiro de 1908, manifestando o sofrimento da privação – dizeres que pareciam ficar tão simplesmente no aguardo da vontade de Deus. No entanto, mesmo sozinho, e nessa situação de dor, escreveu ao cunhado no dia 9 de dezembro de 1907 quando a ordem de não ter as reservas eucarísticas ainda não havia chegado:

> Sou feliz, muito feliz mesmo, por ter a possibilidade de estar a toda hora e momento aos pés do Santíssimo Sacramento; feliz pela grande solidão deste lugar; feliz por fazer – abstraindo dos meus pecados e misérias – o que Jesus quer; feliz, sobretudo, pela verdade infinita da presença de Deus. Se não houvesse aqui essa fonte inesgotável de ventura e de paz, a paz e a ventura infinitas, eternas e imutáveis do Bem-Amado, o mal que vemos a nossa volta e proveniente de toda parte, e também as misérias que verificamos existir em nós próprios, tudo isto nos arrastaria irremediavelmente para a tristeza. Se nos países cristãos há tanto bem e tanto mal, calculem o que podem ser estas religiões, onde não há nada, por assim dizer, que não seja mal, de onde o bem está quase totalmente ausente: é tudo mentira, duplicidade, manha, cobiça de toda casta, violência, tudo isto misturado a uma ignorância crassa e uma barbárie enorme! Tudo é possível com a graça de Deus, mas quando nos encontramos em face de tantas misérias morais... vemos claramente que os meios humanos são impoten-

tes e que só Deus pode operar uma transformação tão grande. Oração e penitência! Quanto mais a vida passa, tanto mais me convenço de que elas são o principal sobre estas pobres almas. Que faço eu no meio delas? O grande bem que faço é que a minha presença exige a do Santíssimo Sacramento...

Esse momento era difícil. Ele seguiu a sua vida entre oração, leitura e trabalho. E escreveu a Marie de Bondy que se sentia como um irmão porteiro de um convento, que às vezes era interrompido por alguém que chamava de fora: "São os pobres. Eu não tenho quase outras visitas. Todos que têm qualquer fortuna estão a trezentos, seiscentos, setecentos quilômetros daqui, em algum lugar onde há chuva".

No dia 22 de novembro de 1907, Foucauld recebeu a notícia de que poderia celebrar sem o acólito, porém era necessário ter um assistente. Como achar assistente cristão entre mulçumanos?

Laperrine e Guérin receberam uma carta escrita por Charles na qual solicitava um pouco de leite concentrado e vinho. Ele não foi atendido por nenhum dos dois. Laperrine tinha mudado do local de serviço. Foucauld escreveu no seu diário com a mão trêmula: "Estou mal, obrigado a interromper meu trabalho. Jesus, Maria e José, eu vos dou a minha alma, meu espírito e minha vida".

Um Targui lhe sorriu, se inquietou ao vê-lo assim mal. Ele foi salvo pelos cuidados de Dassine, a poetisa do Hoggar, e pelo carinho do povo. Ela cuidou dele e soube inteligentemente separar os curandeiros dos feiticeiros de práticas perigosas. Os tuaregues ficaram tão preocupados que buscaram leite de cabra para que fortalecesse o marabuto.

Sua alimentação era muito simples, descrita por um hospedeiro, fotógrafo de nome Felix Dubois. Esse hospedeiro disse que ele comia somente dois tipos de comida, alternando-as a cada dia. Eis o relato dele à sua esposa no dia 29 de setembro de 1907:

> O padre comia um amido de trigo quebrado (não moído, feito uma cola) cozido com um pouco de manteiga e purê de tâmaras, com pão árabe mergulhado (sem mergulhar é um verdadeiro chumbo!!). O primeiro prato é até suportável, mas, quanto ao segundo, é preferível morrer de fome. Foucauld tem estômago de avestruz!

O médico militar Dr. d'Hauteville passou de 1905 a 1908 trabalhando na região onde Foucauld vivia e estava lá quando Foucauld completou 50 anos. Ele disse em 1935:

> Eu pude apreciar sua ciência profunda, sua devoção absoluta e sua caridade inesgotável. Eu o vi e o conheci bem mais humano, bem mais interessado pelos acontecimentos terrenos que M. Bazin disse no seu livro, em que o descreveu como um santo todo pronto à beatificação. Ele era um homem bom, convicto, de extrema caridade, aberto espiritualmente e apaixonadamente patriota: sob sua gandura batia um coração de soldado.

Nesse período de espera, final de 1907 e início de 1908, ele contou em segredo ao seu bispo Guérin:

> Tenho um grande abalo de saúde: cansaço geral, perda completa do apetite; depois um não sei o que no peito, ou antes, no coração, que me dificulta de tal modo a respiração ao mais insignificante movimento, que julgo estar próximo do fim. Fui obrigado a estar absolutamente imóvel. Para me alimentar, os meus amigos tuaregues vão ordenhar todas as cabras, que têm um pouco de leite, e trazem esse leite à cabana do marabuto cristão.

O coronel Laperrine e o capitão Nieger, grandes amigos de Foucauld, deslocaram-se de In-Salah a Tamanrasset para verem de perto o estado do amigo. Este os recebeu com muita alegria, pois havia cinco meses que não tinha notícias da Europa. Dentre as notícias, uma o surpreendeu: a de que Mousa iria à França. Ele pensou que seria importante irem tuaregues à França para que conhecessem os costumes daquele país e parassem de chamar seus habitantes e os europeus de pagãos e selvagens.

Entretanto, no Natal de 1907, ele repetiu novamente em uma carta para o monsenhor Guérin: "Não quero ser conhecido". A sua humildade a toda prova revoltava-se com a ideia de que os seus trabalhos linguísticos podiam ter algum valor:

> Não são estes os meios que Deus nos deu para continuarmos a obra da salvação do mundo. Os meios de que ele se serviu foram o presépio e, em Nazaré e no calvário, a pobreza, a abjeção, a humilhação, o abandono, a perseguição, o sofrimento e a cruz. Estas é que são as nossas armas. Não encontraremos ninguém que seja melhor do que ele, e ele não envelheceu.

Monsenhor Guérin, seu bispo, sempre estava lhe propondo ir aonde houvesse possibilidade de celebrar, uma vez que onde ele se encontrava não tinha ajudante nem ouvinte. Charles de Foucauld, porém, tinha claro que a tempestade havia passado e respondeu:

> O problema que me propõe; se é preferível eu ficar no Hoggar sem poder celebrar a missa ou celebrá-la e não ficar aqui, já o pus a mim mesmo muitíssimas vezes. Sendo eu o único sacerdote com possibilidades de ficar no Hoggar, quando muitos podem celebrar o Santo Sacrifício da Missa, creio que é preferível manter-me no Hoggar, apesar de tudo, deixando a Deus o cuidado de me fornecer meios para celebrar, se isso for de seu agrado (o que sempre fez até o presente, pelos meios mais variados). Antigamente eu era levado a ver, por um lado, o infinito, no Santo Sacrifício da Missa; por outro lado o finito, em tudo o que não se identificava com ele, e a sacrificar sempre tudo pela celebração do Santo Sacrifício da Missa. Mas esse raciocínio devia estar errado, visto que, depois dos apóstolos, os santos mais eminentes sacrificaram, em determinadas circuns-

tâncias, a possibilidade de celebrar por trabalhos de caridade espiritual, viagens ou quaisquer outras razões. Se a experiência mostrasse que poderia ficar durante muito tempo em Tamanrasset sem celebrar, teria – creio eu – de diminuir a duração das estadas, mas não vou limitar-me a acompanhar os destacamentos, o que não vem a ser a mesma coisa que residir sozinho. É melhor que fique sozinho na região, porque há uma ação a desenvolver, mesmo sem fazer grande coisa, porque nos tornamos "da região". Somos aqui tão acessíveis e tão pequeninos!... De mais a mais, há em Tamanrasset, mesmo sem missa diária, o santíssimo Sacramento, a oração regular, as longas adorações, um grande silêncio e recolhimento para mim, e graças abundantes para toda região, onde a Sagrada Hóstia irradia amor.

No dia de Natal, data muito importante para ele, não pôde celebrar. Passou sem a missa, pois estava sozinho. No dia 1º de janeiro de 1908, repetiu-se a mesma situação e ele rezava: "Uno-me em espírito a todos os sacrifícios hoje oferecidos".

Houve muitos pedidos, durante anos, aos superiores para a permissão de celebrar sozinho. E, finalmente, depois de tantos esforços e insistência, a resposta positiva veio. Ela chegou rapidamente pela mensagem especial de seu grande amigo Laperrine. Este, assim que ficou sabendo da autorização papal, enviada por seu irmão, que estava na Cúria Romana, escreveu a Tamanrasset. Assim, no dia 1º de fevereiro de 1908, ele celebrou a missa de Ação de Graças e, feliz, anotou no seu caderno de missa: "Natal! Natal! Obrigado, meu Deus!".

Do livro de D'Ors encontramos que estava satisfeito não só com o sacramento do Pão, de que agora podia efetivamente desfrutar, mas com esse sacramento que são os irmãos, com cujos nomes e rostos Charles enchia seu tabernáculo.

Na sua vida, Foucauld queria o melhor para quem encontrasse. Ele sabia que o melhor naquela época de cristandade, e não de cristianismo, era que o povo tuaregue fosse instruído para, em seguida, ser convertido ao cristianismo. Para ele, batizar – isto é, o caminho de torná-los cristãos e de ser instruídos – não era o correto. O método de evangelização que Foucauld propôs não era outro senão o mesmo que ele vivenciara. O exemplo de sua prima Marie de Bondy, silenciosa, acolhedora e boa. Amar e se fazer amar.

Foucauld tinha esse desejo: que os tuaregues entendessem a cultura dele. No entanto, dentro dele, a transformação de vida foi tão grande, o Amor de Deus e a Deus o levava a querer fazer tudo para Deus, por Deus e com Deus. Então, tinha a ideia quase fixa no desejo da evangelização: queria que os tuaregues conhecessem Jesus e a proposta do seu projeto do Reino de Deus. Também desejava que pessoas cristãs testemunhassem esse Reino, perguntando-se:

> Minha presença faz algum bem aqui? Se ela não faz, a presença do Santíssimo Sacramento faz, e muito. Jesus não pode estar em um lugar sem irradiar-se. E mais, o contato com os nativos faz desaparecer pouco a pouco suas prevenções e pré-julgamentos. Isto é bem lento, bem pouca coisa, reze para que vossa criança faça melhor, e que melhores trabalhadores venham desbravar esse lado do campo do Pai de família. Meu apostolado deve ser o apostolado da bondade. Se perguntam por que eu sou doce e bom, eu devo dizer: porque eu sou servidor de um bem melhor do que eu.

Essa ideia de evangelização lenta, mas contínua, inspirava os seus atos, levando-o a criar algumas fórmulas de oração. Fez um projeto de um rosário simplificado, para uso dos não cristãos. Rezariam o ato de caridade. Nas contas pequenas do rosário, diriam: "Meu Deus, eu vos amo". E, nas contas maiores: "Ó meu Deus, amo-vos com todo o meu coração!".

Foucauld era a alma do Hoggar. O coronel Laperrine e Mousa não faziam nada sem o consultar.

Como toda pessoa que está em uma tempestade, ele poderia mudar seus atos de acordo com o sopro do vento. Todos que conhecem o Evangelho sabem que o Espírito de Deus sopra onde quer e quando quer.

Em Assekrem, tal como em Tamanrasset, Foucauld escolheu um local onde pudesse ser visto; ao mesmo tempo, tinha a vocação da busca do último lugar, da vida escondida. Mesmo ele, que quis viver no silêncio e na solidão, percebeu que um dia passado na companhia do povo que quer evangelizar dava melhor resultado no relacionamento do que fazer várias visitas de meia hora, como ele fazia no início em Tamanrasset. Orientou Herisson a não ir até as pessoas, mas esperar que elas viessem. Penso que essa orientação se deve ao fato de que visita de médico é mais rápida do que a visita do doente ao médico – esta pode ser mais demorada.

Foucauld, ao iniciar sua permanência entre os tuaregues, exagerou nas privações, mas, depois que quase morreu de inanição em 1908, compreendeu que a mortificação não deve ir até o suicídio e melhorou sua alimentação diária, acrescentando leite a ela, uma reserva de vinho dos Padres Brancos da Maison Carrée e carne de conserva para os dias que se sentia cansado. Sempre esteve atento a não fazer exibição de seu ascetismo; quando estava à mesa de oficiais e suboficiais, comia de todos os pratos como todo mundo, contentando-se em abster-se de carne às sextas-feiras.

O auge de sua doença, escorbuto, deu-se de 18 a 20 de janeiro de 1908. No dia 20, Foucauld escreveu no seu diário: "Estou doente, obrigado a interromper todo trabalho. Jesus, Maria, José, eu vos dou minha alma, meu espírito e minha vida". Esta é uma das orações dos agonizantes. E, onze meses depois, exatamente no dia 21 de novembro de 1908, escreveu:

> Eu guardei e guardo ainda a imobilidade absoluta, eu tenho interrompido todo o trabalho, os tuaregues procuram ainda todas as cabras para que eu possa ter um

pouco de leite nesta terrível seca. Eles buscam a uma distância de quatro quilômetros de raio. Deus utilizou dos meios humanos, leite e repouso, e eu me recuperei, evidentemente.

No dia 26 de janeiro de 1909, ele fez duas observações mais completas de sua doença:

> Eu estive bastante doente estes dias: eu não sei exatamente de que, qualquer coisa no coração, eu creio: sem tossir, sem ter dor no peito, o menor movimento fez-me ofegante para ficar perto de um desmaio. Um ou dois dias, eu acreditava estar perto do fim.

No dia 3 de fevereiro de 1909, em In-Salah, Laperrine recebeu a carta que Charles tinha enviado no dia 15 de janeiro. Ele imediatamente reagiu escrevendo ao bispo Guérin: "Para ele estar cansado e me pedir leite concentrado, é preciso que esteja realmente mal de saúde". E enviou a seu amigo Foucauld três camelos de alimentos: leite concentrado, açúcar, chás, conservas diversas.

Dia 11 de fevereiro, o coronel, que recebeu as notícias, escreveu ao prefeito apostólico: "Ele viaja em outubro, está mais doente do que diz, tem desmaios, e os tuaregues que têm cuidado dele estão preocupados... Ele deixou sua dieta de cevada cozida, pois pediu leite...".

No dia 18 de fevereiro, recomeçou seu trabalho com Ba Hammou, mas fazendo-o somente depois do meio-dia. Os camelos com os alimentos enviados por Laperrine de In-Salah chegaram no dia 29 de fevereiro. Durante todo o mês, ele teve o leite enviado pela comitiva de Mousa, que recompensou com moedas de um centavo; seu amigo Dag Rali participou desse gesto, pois a doença de seu colega o suprimiu e inquietou. Para agradecer àqueles e àquelas que o socorreram e ajudaram, coordenados por Mousa, Foucauld pediu à sua prima no dia 8 de março:

> Como os tuaregues têm sido bons para mim desde que eu estive doente no final de janeiro, gostaria de dar pequenos presentes de amizade a alguns, isto fará bem neste país que é bem pobre. Eu peço, para isso, cinco pares de tesouras de manicure e cinco facas de uma só lamina, cinco porta-canetas metálicos de estudante... e, para a pequena Marnia (a primeira criança de Mousa), um pequeno colar... Estou convencido de que estes pequenos presentes, que são aqui muito bons presentes, farão bem às almas.

Além de Mousa, ele sempre pôde contar com Ouksem, chamado de Aragous. Charles de Foucauld utilizou o sobrenome da pequena família para se distinguir de uma família Ouksem mais antiga, chefe dos Dag Rali em 1910. O pai desse jovem Ouksem, Chikat ag Mohammed, fez parte dos tuaregues produtores de hortas com os quais o marabuto fez acordo em 1905, assim que chegou a Tamanrasset. Chikat nasceu em 1850, portanto Charles de Foucauld o chama de irmão mais velho. Ele e seu filho são aqueles de quem Foucauld falou ao bispo Guérin no dia 22 de julho de 1907: "Encontrei-os melhor agora do que no início". Falou de quatro amigos que fez em Tamanrasset: o jovem Ouksem e seu pai Chikat, o antigo Ouksem e seu irmão Abahag, que morreu no dia 24 de outubro de 1914.

Aos poucos, foi percebendo como trabalhar a missão em terras de missão. Mesmo em lugares onde aparentava não ser de missão, o comportamento dos cristãos deveria ter um caráter especial nesse caminho da evangelização. Ele apontou que a sua missão pessoal era a preparação a partir da amizade...

E, nessa busca de relacionamento pessoal pela amizade, podemos destacar o testemunho impressionante do Dr. d'Hauteville:

> Um dia, ele me convidou a jantar com o marechal de logística Teissère, vim para desenvolver o Forte Motylinski. No meio da comida, eu perguntei ao padre: "Você crê que os tuaregues vão se converter e que você obterá

resultados pagando com seus sacrifícios?". "Meu querido doutor", disse ele, "eu estou aqui não para converter de uma só vez os tuaregues, mas tentar compreendê-los e melhorá-los. Eu aprendo sua língua, eu a estudo para que depois de mim outros padres continuem meu trabalho. Eu pertenço à Igreja e ela é eterna. Ela dura além de mim, eu passo e não conto mais. E depois eu desejo que os tuaregues vão ao paraíso. Eu estou certo de que Deus acolherá no céu aqueles que forem bons e honestos, sem que necessariamente eles sejam católicos romanos. Você é protestante, Teissère é incrédulo, os tuaregues são mulçumanos: eu estou convencido de que Deus nos receberá a todos, se nós o merecermos, e eu procuro melhorar os tuaregues para que eles mereçam o paraíso".

Esse testemunho é uma característica muito inovadora para a época. Naquele tempo, pensava-se que só os pertencentes ao catolicismo romano seriam salvos, entretanto Charles de Foucauld notou que, no Reino, a mensagem de Jesus vai além dos limites de uma religião específica, e que ir ao céu dependia das atitudes humanas de cada indivíduo.

Um outro médico, Herisson, deu o seguinte testemunho:

Eu abordei o Padre Foucauld com curiosidade e uma certa reserva, sabendo que ele ia ser meu instrutor... Eu vi um homem de aparência franzina ao primeiro aspecto, de uns 50 anos, simples, modesto. Nada de monástico nos gestos, nas atitudes. Nada de militar. Sob uma grande afabilidade, simplicidade, humildade de coração, cortesia, fineses, delicadeza, de homem do mundo. É verdade que ele parece malvestido, sem qualquer preocupação de elegância e ele é de abordagem muito fácil para todos. Trabalhadores franceses, brigadeiros nativos, a vivacidade de seu olhar, sua profundidade, a altura de sua fronte, a expressão de sua inteligência... Ele me foi muito simpático. Eu me senti cativado por ele.

No entanto, para melhorar os tuaregues, ele estava sempre preocupado com o que fazer por eles, para eles e com eles. É claro, pensou a partir da sua experiência de vida. E assim, no Dia de Ramos, 4 de abril de 1909, anotou no seu diário que instituiu um outro rosário a sete degraus, dito Rosário do Amor. Sobre as contas do rosário, são propostas de cinquenta a 350 invocações diárias, que exprimem o amor a Deus e ao próximo, com algumas invocações tiradas do pai-nosso.

E, na sua preocupação constante com a situação formativa do povo local, ele manifestou a sua opinião aos seus amigos. No dia 29 de maio de 1909, Charles de Foucauld escreveu a Henry de Castries:

> Eu vou falar de meu trabalho cotidiano: formar os tuaregues, os nativos de todas as raças, tentando dar-lhes por mim ou por outros um começo de educação intelectual e moral, dirigindo-me não às crianças, mas ao grande povo, e trabalhando, pouco e suavemente, para civilizar material, intelectual, mentalmente. Tudo isso para trazê-los, Deus sabe quando, talvez em séculos, para o cristianismo. Todas as mentes são feitas para a verdade, mas para os muçulmanos, é um assunto muito a longo prazo. Devemos torná-los intelectual e moralmente nossos iguais, que é o nosso dever. Um povo tem nas suas colônias as funções dos pais para com seus filhos: formá-los pela educação, uma educação igual ou superior à que eles próprios possuem. O trabalho é difícil e longo; exigiria os esforços de muitos por um longo tempo: onde estão eles? Mas a dificuldade e o isolamento não são uma causa de desencorajamento, pelo contrário, eles são uma razão para fazer mais esforços.

E, como era de seu hábito, em suas orientações para a busca interior, ele realizou o retiro de 1909, no qual tomou as resoluções de fazer o melhor possível para a conversão dos não cristãos, prepará-los para entrar no corpo da Igreja, auxiliando que em sua alma entrasse o amor a Deus, fazendo-os entender e praticar os atos de caridade de acordo com a vontade do Pai. E, por amor, espalhou entre eles o Rosário do Amor.

Ao bispo Guérin, no dia 30 de julho de 1909, ele resumiu assim esse método: "Instruir, como Nosso Senhor em Nazaré, pelo exemplo e pelas conversas cotidianas, e, pouco a pouco, conduzir as almas a um outro ensinamento". Por meio desse método simples, do cotidiano, muitas vezes na nossa vida aparenta que nada fazemos, mas o importante é o que somos.

E, em 2 de fevereiro de 1910, escreveu ao padre Voillard:

> A importância de uma passagem, mesmo que seja rápida, da parte dos sacerdotes, pode ser melhor que nada, pois acreditava que os tuaregues, ao verem os sacerdotes e por umas esmolas, remédios, palestras, aprenderiam a pensar neles como amigos.

No diretório de 1909 esses mesmos meios, ditos gerais, foram apontados:

> Os principais meios recomendados aos irmãos e irmãs para a conversão das almas e particularmente dos não cristãos são: o Sacrifício da Missa, a presença da Santa Eucaristia, a santificação pessoal, a oração, a penitência, o bom exemplo, a bondade e o estabelecimento de relações de amizade com as pessoas, o cuidado constante de fazer o bem às suas almas.

Em janeiro de 1910, ele comentou com a sua prima que recebia constantemente a visita de franceses. O capitão Nieger ia sempre o ver, o médico protestante passava semanas, Moustefa, um jovem mulçumano naturalizado francês, passava dez dias com ele. E escreveu mais para confortar sua prima, dizendo que não estava isolado e que a vida dele seguia seu rumo. Esperava por Laperrine, que prometera vir dentro de três meses.

No final de 1910, houve um acontecimento de outro gênero: a viagem de Mousa à França com dois nobres de sua comitiva, Ouenni e Souri, e um intérprete. Nesse momento, Charles de Foucauld descreveu um pouco quem era Mousa para ele: "Era meu melhor amigo entre os tuaregues. Eu o amo e o estimo. Ele é de uma inteligência superior, de uma coragem e de uma força de caráter fora do comum e verdadeiramente virtuoso... bom mulçumano...".

Esses laços de amizade e de admiração ficam claros, pois Mousa, ao chegar a Alger, de retorno dessa viagem, enviou uma carta no dia 20 de setembro a Foucauld:

> Nós chegamos de Paris após uma feliz viagem. As autoridades de Paris estão muito contentes conosco. Eu vi sua irmã e eu fiquei dois dias na casa dela; eu vi teu cunhado; visitei seus jardins e sua casa. E você, você está em Tamanrasset como pobre! Ao meu retorno, eu te darei todas as notícias em detalhes.

Como interpretação dessa fala, podemos utilizar a sugerida pelos especialistas da língua tuaregue. O termo árabe "el meskin", empregado por Mousa, diz, na sua mentalidade e na sua linguagem, que é a pobreza material. A compreensão do que ele acaba de ver na família de Charles de Foucauld trouxe a ele uma constatação de outro nível, que se exprimia aproximadamente assim: "No lugar das facilidades de teu meio familiar, tu me escolheste os mais pobres de Tamanrasset". Mousa lembrou aqui o ideal de vida humilde, penitente, ensinado pelo marabuto Bei; "é ele teu mestre espiritual?".

Na sua segunda viagem à França, em 1911, Charles soube notícias de Gabriel. Mesmo sendo grandes amigos, fazia muito tempo que não tinha notícias e retomou os contatos. Soube que Gabriel era magistrado e reverenciado como um Santo. Feliz por finalmente ter seu endereço, enviou uma carta de Lunéville para seu amigo Gabriel em 28 de fevereiro, a fim de renovar os contatos, depois de mais de vinte e cinco anos de ausência:

> Meu caro Gabriel, depois de ter perguntado muitas vezes por notícias suas, eu finalmente escrevo de maneira rápida. Você está em Saint-Dié e você está indo bem. Esta é uma alegria maior para mim do que eu posso dizer, pois depois de tantos anos você pode temer tudo. Eu estou na França por alguns dias; minha vida é definida no Saara, onde eu sou um sacerdote. Eu cheguei de lá e voltarei. Se eu pudesse ir para Saint-Dié, iria lá para vê-lo. Não sendo capaz de fazê-lo, peço-lhe para tentar chegar até mim para que possamos nos ver por pelo menos algumas horas.

Os dois amigos se reencontraram em Saint-Dié no dia 10 de agosto de 1913.

Nos anos de 1909 a 1911, Robert Herisson, médico com a patente de major, militar que viveu no Hoggar, no Forte Motylinski, mais ou menos a sessenta quilômetros de Foucauld, encontrou-se com ele. Nessa época, Foucauld não devia ter tirado os adereços cristãos de sua vestimenta porque Herisson o descreveu: "Ele estava vestido sem elegância, roupa de algodão branca, um coração vermelho, sobreposto por uma cruz acima do peito".

Esse médico recebia orientação de Foucauld quanto aos costumes dos tuaregues a pedido de Laperrine, uma vez que nosso biografado os conhecia melhor. Ele gostava de fazer relatos com diferentes olhares dos demais biógrafos sobre o trabalho e as exigências de Foucauld. Relatou que, ao chegar, o padre Foucauld estava se preparando para rezar a missa e o convidou para participar dela. Herisson disse que não poderia aceitar o seu convite, pois era protestante. Foucauld perguntou-lhe se seguia a sua religião com regularidade e se lia a bíblia. Diante da resposta negativa de Herisson, o padre Foucauld replicou:

Andas errado, é preciso ler a Bíblia todos os dias, cumprir os deveres da tua religião com exatidão. Eu tenho aqui num canto em Tamanrasset, uma Bíblia, edição Ostwald, eu vou enviar a ti. Guarda-a até a tua partida de Tidikelt. É necessário que a leia todos os dias. E, quando estiveres diante de um tuaregue, é preciso ser afável, simples, doce, os amar e os fazer sentir amados, não firas a tua familiaridade, desenvoltura, sejas humano, caridoso, estejas sempre alegre. É necessário sempre rir, mesmo para dizer as coisas mais simples, o riso é uma caridade. O riso coloca o bom humor no outro, no interlocutor. Ele aproxima os homens, permite melhor compreendê-los. Dá seus cuidados médicos com paciência. Cura-os, eles terão uma excelente ideia de tua ciência, de ti e de tua bondade. Se eles pedem para que cuides de um cabrito, não fica vexado. Eu estou avisando para que fiques longo tempo perto de um acampamento tuaregue. Não para misturar-te a eles, mas a teu lado, pronto a recebê-los se eles quiserem vir. Fica aqui sem mudar de lugar três semanas. Terás tempo de os curar e de os conhecer e de te fazer conhecer. Eles nos ignoram. Eles contam sobre os franceses histórias absurdas... Conta, com a ajuda de um interprete, àqueles que gostarão de estar ao teu lado, sobre nossa vida íntima, familiar, nossas boas maneiras, nossos costumes, o nascimento, o ser padrinho, a educação religiosa das crianças, o casamento, as leis de casamento, os deveres entre os esposos, os cuidados com as crianças, a morte, o cerimonial, os legados, os testamentos, os insultos, as honrarias, os desprezos... Os trabalhos dos campos, a vida de campanha, os animais domésticos etc.

O respeito pela religião do outro era muito claro no seu dia a dia. Outro fato narrado por Herisson a respeito da compreensão do outro e das exigências para que o outro cumpra seus deveres para com a religião a que diz pertencer é contada:

O major Robert Herrison relatou, por exemplo que, numa tarde, quando o sol estava prestes a desaparecer na linha do horizonte, quer dizer, numa das horas consagradas pelos mulçumanos à oração, cinco ou seis Kel-Ahagar e Kel Rela estavam a conversar com Foucauld e com o amenokal. Este, o seu primo Akhamuk e Aflan, o filho de Dassine, levantam-se, ajustam o tecido azul ao rosto, e preparam-se para fazer a oração. Os outros tuaregues, indiferentes, continuaram a conversar. Mas Foucauld interpelou-os severamente:

— E vós — diz ele —, não rezais?

Incitava-os assim a louvarem a Deus na única maneira que eles até agora conheciam. Compreenderam a lição e levantaram-se imediatamente para imitar Mousa.

Em outro momento, Foucauld costumava orientar que era preciso trabalhar firme e sem descanso para que a situação dos tuaregues melhorasse. Dizia que a França tinha obrigação de dar exemplo. Sobre essa afirmação, Herisson contou um fato que presenciou, que pode assustar muitos dos que seguem um cristianismo menos "pés no chão". Muitas vezes, a caridade exige firmeza e limites de ação que podemos confundir como não cristãos:

Era preciso trabalhar. Um dia, quando ainda me encontrava no eremitério, veio um negro pedir-lhe esmolas. Estava a morrer de fome – dizia ele. Era bem constituído, mas parecia magro demais. Tinha perto de 25 anos. Foucauld perguntou-lhe por que motivo não trabalhava nos centros de agricultura de Tite, de Alabeça etc. Respondeu que nestes lugares não havia trabalho. Então, Foucauld, mostrando-lhe uma pequena caixa de madeira, que servia de molde para fazer tijolos, disse-lhe: "Faze-me vinte tijolos e dar-te-ei depois uma medida de trigo". O negro poderia fazê-los numa hora de trabalho, quando muito, pois bastava-lhe fazer vinte pequenas pastas, como as crianças à beira-mar. Mas o negro recusou-se. O padre manteve-se firme. Não lhe deu nada, a não ser este trabalho. Se quiser viver, tem de trabalhar.

Não somente essa situação o edificou, como Herisson relata o que São Paulo fala em sua carta: "Quem não quer trabalhar não deve comer".

Em outra ocasião, descreveu a história de um paciente em estado terminal de quem Herisson cuidou até o fim. O nome dele era Maigret, órfão de mãe rica, abandonado por ela desde neném. Quando já estava no Hoggar, trabalhando como carpinteiro na construção do Forte Motylinski, soube da existência da mãe, do casamento dela, da riqueza que ela possuía e de seus irmãos. Maigret, que havia se casado com uma negra haratini, tinha todos os tipos de vício: fumava, jogava e bebia. Mesmo assim, era uma pessoa benquista e simpática, de quem todos gostavam.

Quando Herisson o consultou, ficou assustado ao saber que seu estágio de tuberculose era muito avançado e que não teria mais do que quatro semanas de vida. Passou, então, a visitá-lo seis vezes por dia e admirava a presença constante da esposa daquele homem. Escreveu a Foucauld para que viesse imediatamente, uma vez que Maigret parecia ser católico e dizia gostar muito do marabuto. Foucauld partiu imediatamente, percorrendo sessenta quilômetros. Chegando lá, Foucauld desenhou um crucifixo e fez uma cruz com o material que encontrou na casa, colocando-a na janela. Herisson explicou a Maigret que o marabuto o queria no paraíso e recomendou que aquele crucifixo desenhado permanecesse ao seu lado na cama.

O estado de Maigret piorou. A mais ou menos 48 horas de sua morte, Herisson enviou outra carta a Foucauld informando a situação e perguntando-lhe se queria ver Maigret em vida. Caso a resposta fosse afirmativa, deveria vir a seu encontro imediatamente. Qual não foi a surpresa de Herisson quando recebeu a resposta do marabuto: "Não tenho mais nada a fazer com ele. Eu não tenho tempo a perder".

Essa clareza da caridade já realizada anteriormente, dos desejos do paciente já atendidos, é edificante. Esse fato foi tão importante para Herisson que ele o descreveu com muita vivacidade.

Não podemos esquecer que, segundo Herisson, Foucauld era um homem de temperamento muito difícil, e nada tranquilo. Trabalhador ferrenho, não gostava de perder tempo, pois alegava que seu tempo era de ação.

Nem tudo orientado por Foucauld no início do trabalho foi o melhor. Como Herisson era músico, levou consigo um violoncelo para tocar no final das tardes, ao luar. Desde o primeiro dia de sua permanência, Foucauld perguntava-lhe como aproveitara o dia. Herisson descrevia minuciosamente suas atividades, que eram consideradas ótimas, com exceção do momento em que tocava aquele instrumento. Foucauld, então, o orientava a não perder tanto tempo "na vadiagem".

Havia chegado o momento de vacinar os tuaregues contra a varíola. Herisson contou a Foucauld que vacinara todas as mulheres da tribo e que a primeira havia sido Dassine, seguida de suas companheiras:

> O padre Foucauld está surpreso, maravilhado e me perguntou como eu consegui este resultado e como foi feito para que tantas mulheres nobres estivessem à porta da sua casa. Ele respondeu:
>
> — Foi graças a meu violoncelo! Dassine veio acompanhada de suas amigas e outras as seguiram. Ela me disse: "Tu tens, parece-me, um *amzad* [violoncelo targui] extraordinário! Onde ele está?"
>
> — Eu vou lhe mostrar.
>
> Eu o retirei da caixa. Imediatamente saíram risos e pequenos gritos.
>
> — Como ele é grosso!... É o pai dos *amzad*!...

Elas haviam notado a diferença entre seus instrumentos e o belo violoncelo. E Herisson, aproveitando-se da situação, perguntou-lhes se gostariam de ouvi-lo tocar. Com a afirmativa da resposta, impôs a condição: "Primeiro, vocês devem se vacinar contra a varíola". Imediatamente, Dassine estendeu o braço e foi vacinada, seguida de todas as outras. E ouviram valsas e belas canções de amor tocadas por ele. Foram embora felizes e maravilhadas, dizendo que voltariam. O padre Foucauld ficou extasiado, pois não previra isso.

As damas tuaregues de alta linhagem são poetisas e musicistas. Elas cantam acompanhadas de *amzad* à noite, ao luar, músicas de amor nas reuniões galantes e espirituais. Certamente, meu violoncelo deve ter tocado o coração sentimental delas.

Quando o tempo de descanso chegou, Herisson partiu para o Forte Motylinski. A nova decisão de Foucauld a respeito do violoncelo foi narrada a seguir:

Deixe o teu violoncelo aqui, eu o guardo no eremitério. Tomarei bastante cuidado; é inútil e perigoso viajar sobre o dorso do camelo. Deixe-o para o prazer das damas que vivem em torno de Mousa. Quando você voltar, vai reencontrá-lo. É um bom meio para nos aproximarmos e ganharmos a nossa influência.

Alguns autores dizem que Charles de Foucauld teve sempre um servidor com ele. Um deles permaneceu em sua posição por muito tempo, era um homem de mais ou menos 60 anos, um haratini, e que depois foi substituído por um jovem de 17 ou 18 anos, tuaregue. A função desses servidores era providenciar lenha, água e fazer a comida.

Contudo, Herisson, que viveu dois anos perto das atividades de Foucauld, afirmou em seus escritos que este fazia todos os trabalhos domésticos, recebia visitas, escrevia e lia cartas que o correio trazia. Havia nele uma organização impecável. Ao receber suas cartas, após a leitura, ele as separava pelos envelopes com seus remetentes e respondia a todas, uma a uma. Sua relação com o mundo exterior era impressionante.

Charles de Foucauld também passeava: "A recreação de tarde do padre Foucauld era um passeio diante de sua ermida, no pôr do sol". Além disso, suas ideias sempre foram de uma grande tolerância. Ele jamais fez proselitismo e nunca fez um batizado no Hoggar, segundo Herisson.

Herisson ainda relata sobre Foucauld:

> Eu estou feliz de ter podido, no decorrer de minha vida, aproximar-me com efeito de um *hasard* dos franceses de um alto e raro mérito. Eles optam em servir os homens. Eles buscam a sombra propícia à meditação e a solidão estudiosa, e é perdendo a sua vida que eles se salvarão...

Mesmo que tivesse um grande desejo de estar aos pés do presépio durante o tempo de Natal, sabia da importância de visitar todos os vizinhos pobres, que já haviam começado a ser velhos amigos, pois estava em Tamanrasset fazia sete anos. E acreditava que todos podiam aprender, com certo grau de diferença diante do que ele chamava de progresso: "Os berberes são capazes de um progresso rápido; os outros, os árabes, um pouco mais lento. Mas todos são capazes de progresso", foi o que escreveu a FitzJames em dezembro de 1912, baseando-se nos escritos de Hegel, que diziam: "A paz só se faz entre iguais". E a aprendizagem com progresso também.

O ano de 1912 foi bastante complicado para ele devido às relações dos franceses com os nativos. O comportamento dos franceses não era dos mais bem desejados, o que foi denunciado por Charles de Foucauld. Em uma de suas reclamações, de 14 de março, ele mencionou o que relatou Litni, o adjunto de Mousa:

> Os franceses dão ordens sem explicar: quando eu peço explicações para poder executá-las bem, mandam eu ir passear, dizendo: "Vá se lixar". Uma outra reclamação é econômica. Utilizamos 41 camelos para levarem víveres aos militares do campo, de Motylinski a In-abalaas, [...]. Cada camelo recebeu 7,25 francos. Nas viagens anteriores, recebemos pelo mesmo trajeto 10 francos por camelos.

Outras reclamações eram relacionadas a violações e ameaças. Por vezes, em conclusão dessas notícias, Charles de Foucauld escreveu: "e não teve nenhuma punição para aqueles que cometeram as irregularidades mencionadas e denunciadas".

Anteriormente, em janeiro, ele dissera as suas ideias a Laperrine:

> Quanto mais observo, mais eu creio que, enquanto Mousa viver, ele não pode ficar somente como nosso intermediário com os *imrads* [os plebeus]. É preciso que os chefes das tribos tenham com os oficiais do Forte Motylinski o contato direto e recebam diretamente suas ordens; sem isso, nada se faz. Mousa dorme ou passeia; em sua ausência, ele deixa os representantes, que algumas vezes são bons, como Lidni, mas que, a maior parte do tempo, dormem ou passeiam também; e no fim nada se faz, tudo caminha bem onde se dá diretamente as ordens aos *imrads*, que são fáceis de conduzir.

E uma outra carta direcionada à mesma pessoa, datada de 16 de maio, disse o seguinte:

> É sempre o Mousa inteligente que nós conhecemos, mas dois traços de caráter se marcaram nele todos os dias mais profundamente: mentira e ganância. É lamentável. Ele mente como Ba Hammou e digere os administrados como um grande chefe dos *Hauts Plateaux*. Sinto muito, e não sei como isto terminará. Um dia ele terá um chefe sério, e será um golpe para ele.

Charles também modificava suas ideias quando percebia que estava errado, como no caso do uso do violoncelo de Herisson. Nas suas constatações diárias, notou mudanças na forma de olhar as atividades dos tuaregues. E escreveu no dia 12 de julho de 1912 a padre Voillard:

> Faço o que posso, e procuro mostrar que os amo; quando a ocasião parece favorável, falo da religião natural, dos mandamentos de Deus, do seu amor, da união à sua vontade, do amor do próximo. Os tuaregues têm o temperamento dos nossos bons lavradores, dos nossos melhores camponeses; tal como estes, gostam de trabalhar, são prudentes e econômicos, inimigos das novidades e cheios de desconfianças perante as pessoas e coisas desconhecidas. Como são muito ignorantes, só podem acatar o Evangelho pela autoridade, e o que é necessário para fazer com que eles adotem e rejeitem tudo o que conhecem, amam e veneram, só podem adquirir depois de muito tempo, por um contato íntimo, uma grande virtude e a bênção divina.

Em outubro de 1912, Foucauld foi picado no braço por uma víbora do deserto, cujo veneno é na maioria das vezes mortal. Sabendo do ocorrido, os pastores e as pessoas das cercanias correram e encontraram o amigo inconsciente. Não havia nenhum médico europeu. Trataram, pois, o marabuto segundo o costume local: queimaram a ferida com um ferro em brasa, brutalmente; apertaram-lhe o braço com uma faixa, para evitar que o veneno se espalhasse por todo o corpo; e depois, verificando que o desmaio persistia, aplicaram-lhe outro ferro em brasa na planta dos pés, administrado por compaixão. Finalmente, o eremita retomou consciência. Estava extremamente fraco. Procuraram leite em todos os pontos do vale, para alimentá-lo. No entanto, a seca era grande, e as cabras não encontravam erva. Mousa inquietou-se e ordenou que trouxessem para Hoggar duas vacas, de uma região bastante longínqua, para salvar o marabuto. Charles de Foucauld ficou incapaz de estudar e de caminhar durante muito tempo. Entretanto, foi-se refazendo da picada da víbora e do tratamento que o salvara.

Como a morte estivera tão próxima, ele pensava: *Não posso desejar a morte. Já a desejei outras vezes; agora eu vejo tanto bem a fazer, tantas almas sem pastor, que desejaria sobretudo fazer um pouco de bem.*

O ano de 1912 foi, como já mencionado, um dos mais difíceis para ele, mas, ao mesmo tempo, muito produtivo na compreensão das necessidades de lugares de evangelização. Na França, discutia-se o papel do leigo e como este deveria evangelizar. E, nas suas correspondências com Joseph Hors, suas ideias foram clareando pela experiência e pela discussão religiosa a respeito do leigo e sua diferença em relação ao sacerdote. Percebeu que, naquele meio, o sacerdote não tinha a liberdade de entrar na casa dos mulçumanos e, assim, manter um relacionamento mais próximo com eles. Seriam necessários bons cristãos leigos de ambos os sexos para o mesmo modelo de evangelização, bem como para dar o exemplo das virtudes cristãs.

Foucauld sempre era observado. Em um acampamento situado a alguns quilômetros de seu "castelo", um grave acidente aconteceu com um chefe de família. Todas as pessoas perderam a cabeça; só uma mocinha de 13 anos conservou seu sangue frio. Vendo o apavoramento geral, ela se lançou noite adentro para pedir ajuda ao padre Foucauld. Este se levantou ao primeiro chamado e, depois de ouvir a história contada pela jovenzinha, pegou os medicamentos e os objetos que podia usar e a seguiu. No entanto, aquela garotinha havia subido as rochas como uma cabritinha, escalado o Assekrem sem dificuldade, no entanto, ela já não tinha a mesma agilidade na montanha, agora que estava acompanhada por um homem muito menos alerta aos movimentos... Para os meharistas que viram a cena, esse espetáculo incomum foi tema de notícias. A menina segurando o marabuto pela mão para guiá-lo no meio dos pedregulhos da rocha e indicando com uma varinha onde ele tinha de colocar os pés para evitar cair.

Foucauld não tinha um minuto para ele. As longas horas de trabalho com BaHammou se acumulavam aos causos contados por numerosos visitantes tuaregues, bem como com os cuidados dispendidos aos doentes, as visitas de caridade, entre outras atividades. Ele foi obrigado a utilizar suas noites para celebrar missa e ler o breviário, e se confessava somente a cada dois ou três anos.

Outra mudança séria se fez. No cap. XXXVII do regulamento, ele faz seguir ao nome de Batismo o nome piedoso "de Jesus". Durante catorze anos – de maio de 1899 a março de 1913 –, sua correspondência, com algumas exceções, foi assinada como fr. Charles de Jesus. Pouco a pouco, a partir de 1912, e definitivamente, em abril de 1913, ele passou a assiná-las como fr. Charles de Foucauld, deixando somente Charles de Foucauld em seguida. Já para seus familiares, assinava apenas como Charles.

Começou também a se preocupar com o Santíssimo, pois pensava que poderia ter uma morte repentina – acredito que logo depois do incidente com a víbora. Para evitar todo risco de profanação na eventualidade de uma morte súbita, ao padre absolutamente isolado era vedada a autorização de conservar com ele a Santa reserva. Sofreu pela segunda vez de escorbuto, no final do ano de 1914, e, como sempre, escreveu à prima no dia 15 de janeiro de 1915:

> Faz uns quinze dias que eu estou bastante cansado: não estou doente, mas fraco, sem apetite e sentindo-me mal. Eu creio que o remédio está em dormir mais e numa comida mais forte... Eu pedi a Henri Laperrine que me enviasse leite concentrado, um pouco de vinho (!) e qualquer outra coisa para melhorar.

No dia 18 de junho de 1916, ele escreveu:

> Amar o próximo, isto é, todos os seres humanos, como a nós mesmos, é fazer a salvação dos outros, bem como a nossa salvação, o trabalho de nossas vidas; amar uns

aos outros como Jesus nos amou é realizar a salvação de todas as almas, o trabalho de nossa existência.

Conforme os capítulos iniciais deste livro, Foucauld era muito alegre e gostava de organizar festas, mesmo quando elas não o divertiam. Entretanto, em parte alguma descreveu as "sessões recreativas", que se realizavam não à volta do eremitério, mas um pouco mais para o leste, diante da porta da casa dos hóspedes. Poderia ele ter tirado do seu cotidiano as recreações tuaregues realizadas ao luar? Ou seriam essas as recreações mencionadas no dicionário linguístico, ao qual eu não tive acesso?

No entanto, em seus estudos linguísticos ele coletou as poesias, os provérbios, cantados e declamados ao luar pelas mulheres tuaregues. Acredito que os homens participavam desses momentos. Será que Foucauld não ia, às vezes, presenciar essas celebrações? Se o fazia, por que isso não aparece nas suas biografias?

Os dizeres dos provérbios coletados são os seguintes:

– Melhor andar sem saber para onde ir do que sentar e não fazer nada.

– Quem faz o que seu pai não fez vai ver o que seu pai não viu.

– Melhor quebrar sua perna do que quebrar sua palavra.

– Os anos não se escondem num saco.

– O dinheiro nunca pode comprar amor.

– A mulher contém tantos mistérios que ela é como o oceano. Quem quiser entender o oceano deve explorá-lo.

– A diferença entre um jardim e um deserto não é água, é o homem.

– Quando alguém lhe machuca, você deve escrevê-lo na areia para o vento apagá-lo de sua memória, mas

quando alguém fizer algo bom para você, você tem que escrevê-lo na pedra para que o vento nunca apague.
– Quando viajar, tome dois sacos: um para receber; o outro para dar.

A preocupação naquela época era intensa quanto à Primeira Guerra Mundial, que, nos últimos dois anos, havia destruído a Europa e também estava começando a chegar ao Saara.

A 450 quilômetros daqui, o forte francês de Djanet foi tomado por mais de mil senousitas armados com canhões e metralhadoras. Após esse sucesso, os senousitas têm liberdade de vir aqui; nada pode impedi-los de fazer qualquer coisa, só o bom Deus...

E, com a presença próxima da guerra, Charles intensifica as relações de comunicações para compreender melhor a realidade que o ameaçava. E nessas comunicações deixou mais clara a sua vocação. Ele escreveu a Rene Bazin, numa carta de 16 de julho de 1916, que sua vida consistia em estar, tanto quanto possível, relacionada com aqueles que o rodeavam e em prestar todos os serviços que pudesse.

Ao mesmo tempo, Foucauld se preocupava quanto ao desenvolvimento local em relação à vida. Informou que, no dia 31 de agosto de 1916, já estava concluída a estrada para automóveis, de Tamanrasset a In-Salah. E nessa comunicação foi bem nacionalista ao dizer: "Quando chegar aqui o primeiro automóvel, a minha alegria será grande porque tal chegada será o coroamento da tomada de posse da região". E alertava sobre a necessidade de essa estrada continuar até o Sudão:

> Daqui a Agades, primeiro posto do Sudão, são apenas setecentos quilômetros, a mesma distância que daqui a In-Salah: trabalho para quatro meses; isso seria de uma vantagem enorme para a administração francesa e para a defesa desta terra, e uma grande medida de fomento econômico.

No dia 1º de setembro de 1916, Charles escreveu a Mazel:

> Onde se tem de viver por motivo de agitação crescente dos senousitas na Tripolitânia, os tuaregues são fiéis, mas nós podemos ser atacados pelos tripolitanos. Eu transformei meu eremitério em fortins, não tem nada de novo sob o sol: eu penso em matrizes de conventos fortificados e das igrejas fortificadas do 10º século. Como as coisas velhas retornam, e como esse crente desaparecido reaparece! Confiaram-me seis caixas de cartuchos e trinta carabinas.

O movimento senousita apresentava três pontos, segundo Laperrine: motivar os tuaregues a fazer uma guerra santa, matar todos os franceses do forte Tarahouahout e matar ou prender os europeus que tinham influência sobre os tuaregues.

No ano de 1916, Foucauld nos revelou a palavra do Evangelho que mais o impressionou e fez efeito sobre ele: "Tudo que façais a um destes pequeninos, é a mim que o fazeis". E pensava que essas palavras eram as mesmas da Verdade incriada, aquela que a boca disse: "Isto é meu corpo... Isto é meu sangue". "Com força, ela nos ensinava a amar Jesus nesses pequenos, esses pobres; essas palavras trazem todos os seus meios espirituais até a conversão das almas, todos os seus meios materiais e alívio para as misérias temporais".

Algumas horas antes de morrer, relatou:

> Você fez muito bem em pedir para passar na tropa. Não é preciso hesitar ao pedir por perigo, sacrifício, dedicação: os elogios, deixe-os a quem os quiser, mas o perigo, o sofrimento, reclame-o sempre. Cristãos, nós devemos dar o exemplo de sacrifício e de dedicação.

O conflito também chegou a Tamanrasset, perto da casa de Foucauld. A autoridade militar mandou construir, a conselho dele, uma espécie de forte para a defesa dos habitantes. Lá os soldados instalaram-se e o padre Foucauld foi viver com eles. A cada ameaça, os tuaregues fugiam para a fortificação, regressando depois às suas tendas.

E, no dia 1º de dezembro de 1916, primeira sexta-feira do mês, à tarde, o forte encontrava-se momentaneamente sem soldados. El Madani, senousita, de seita tuaregue, aproximou-se da fortificação e pediu para entrar, sob o falso pretexto de trazer cartas da França para o padre Foucauld; quando este entreabriu a porta, foi apanhado e levado para fora.

Ataram-lhe os pés e as mãos e colocaram uma sentinela junto dele. Outro rebelde senousita foi buscar Paulo e colocou-o junto do padre Foucauld. Era quase noite quando chegaram dois homens em camelos, vindos do Forte Motylinski. Soaram tiros. A sentinela, pensando que viriam libertar o padre Foucauld, de imediato pegou a arma e com um disparo feriu de morte o "Irmão Universal", como era conhecido. "Quando o grão de trigo cai no chão e não morre, ele permanece sozinho; se ele morre, produz muitos frutos..."

Segundo Bazin, os harratinos deram uma sepultura ao marabuto e aos militares mortos no mesmo dia e pelo mesmo grupo. Somente no dia 3 de dezembro os militares souberam da morte de Foucauld. O seu corpo não foi libertado das cadeias que lhe mantinham os braços amarrados, mas depois de o terem colocado no fosso, os harratinos, sabendo que os cristãos depositam os mortos num caixão, rodearam o cadáver de pedras, folhas de papel e fragmentos de ripas de madeira. Depois, muraram a porta do fortim.

Ao remover o solo com o pé, onde tinham sido lançados todos os objetos, o jovem oficial descobriu na areia um pequenino ostensório em que parecia estar ainda encerrada a Sagrada Hóstia. Levantou-o respeitosamente, limpou-o e envolveu-o num pano branco. Sentia-se muito perturbado – contaria ele mais tarde –, porque não se sentia digno de levar Deus.

Quando chegou a hora de deixar Tamanrasset, pegou com as mãos o pequenino ostensório, colocou-o à sua frente, em cima da sela do seu meari, e percorreu os cinquenta quilômetros que separam Tamanrasset do Forte Motylinski. Foi a primeira procissão do Santíssimo Sacramento realizada no Saara.

Ao chegar ao posto, foi grande, outra vez, o seu embaraço. De La Roche lembrou-se durante o trajeto de uma conversa que tivera um dia com Foucauld. Perguntou-lhe De La Roche: "Está autorizado a guardar o Santíssimo Sacramento, mas, se lhe acontecesse alguma desgraça, que se deveria fazer?" E Foucauld respondeu: "Há duas soluções: fazer um ato de contrição perfeito e comungar pelas próprias mãos, ou então enviar a Hóstia Consagrada aos Padres Brancos".

O capitão não podia decidir-se pela segunda solução. Tendo então chamado um graduado do posto, antigo seminarista que permanecia cristão fervoroso, De La Roche aconselhou-se com ele. Pareceu-lhes melhor que um deles comungasse. O oficial "calçou as luvas brancas que nunca usara" para abrir o ostensório e certificou-se de que não se enganara e de que a Hóstia estava lá. E ela lá estava, tal como o piedoso sacerdote a consagrara e adorara!

Os dois jovens interrogaram-se: "Recebê-la-á o Senhor ou eu?". Depois o graduado ajoelhou-se e comungou pelas próprias mãos.

Naquele momento difícil para Mousa, este escreveu delicadamente à irmã de Charles de Foucauld dando-lhe as condolências:

> Desde que eu soube da morte de nosso amigo, vosso irmão Charles, meus olhos se fecharam... Eu chorei e verti muitas lágrimas, e estou em grande luto... Charles, o marabuto, não está morto para vocês só, ele está morto também para todos nós. Que Deus lhe dê a misericórdia, e que nós nos reencontremos com ele no paraíso!

Foucauld morreu deixando uma orientação à igreja. Sonhava muito alto e com um trabalho perfeito de evangelização, e escreveu sobre as missões:

> As integrações comunitárias que existem na terra do Islã e seu papel: geralmente, cada missão consiste em vários

sacerdotes, pelo menos dois ou três. Eles compartilham o trabalho de lidar com os nativos (visitando-os e recebendo suas visitas); instituições de caridade (esmolas, dispensários); obras educativas (escolas infantis, escolas noturnas para adultos, workshops para adolescentes); Ministério paroquial (para conversos e aqueles que querem aprender a religião cristã).

E terminou dizendo: "Esta vida não é minha".

Finalizo este capítulo com o testemunho de um seguidor de Charles de Foucauld, de 73 anos:

> Agora, eu sei que a Fraternidade não pode existir sem a fragilidade e sem os limites de seus membros que a ela dão "carne e osso", e é exatamente essa Fraternidade que eu amo desde o início. Ela é um tesouro, mas repleta de fragilidade, de humildade e, frequentemente, de pecados. **O verdadeiro carisma é então o de ser feliz por pertencer à multidão dos pobres e dos pecadores que Deus ama.** Se existe, portanto, uma mensagem profética por parte da Fraternidade, é a de testemunhar que na banalidade do ordinário se realiza o Reino de Deus. A vida ordinária é o lugar onde Deus vem ao nosso encontro e nós o encontramos em torno dos acontecimentos e sob os olhares de nossos irmãos humanos.
>
> Esse carisma de "Nazaré" não nos pertence, ele existe semeado nos sulcos de milhões de vidas de pobres e pequenos que não sabem mesmo que eles restituem Nazaré sempre presente nos espaços e no tempo pelas suas vidas. A nós cabe-nos deixar evangelizar por eles e acolher a revelação que Deus endereça pela experiência desses múltiplos Nazaré, onde a vida faz seus caminhos até Deus e onde o Reino acontece.

Capítulo VI
O que restou da tempestade

Os ciscos e a poeira da tempestade trouxeram muitas informações que edificam e questionam. Por serem ciscos e poeiras, dificilmente conseguimos juntá-los, mas podemos amontoá-los de forma desconexa. É claro que os militares obedeceram às últimas vontades do marabuto colocando a cruz de madeira no túmulo, como ele desejara. Quanto aos dois militares mortos no mesmo dia pelo mesmo bando, foram enterrados próximos.

Charles de Foucauld não foi um verdadeiro pobre, pois distribuía esmolas e tinha a quem recorrer nas necessidades. Também estava protegido, mesmo sem ter armas. Dependendo do ponto de vista, podemos até pensar que a vida dele não foi um bom testemunho. No entanto, a pobreza dele foi além das posses materiais e do apoio logístico dos militares. Ao renunciar à sua classe social, aos costumes culturais, às diferenças intelectuais, à solidão, esvaziou-se de si e deixou Deus preenchê-lo.

Também construiu um conhecimento de que amar não é converter, é inicialmente escutar, descobrir esses homens e essas mulheres de uma civilização e de uma religião diferentes, como fez no Marrocos. Escutar, para ele, foi a primeira condição de partilha.

Para o Dr. d'Hauteville, Foucauld afirmou que estava certo de que o bom Deus acolheria no céu aqueles que fossem bons e honestos, sem a necessidade de serem católicos romanos. Aceitar os outros com sua religião e suas fraquezas e se fazer porta-voz dos mais pobres sem tentar convertê-los: essa atitude nos mostrou que ele acreditava em um só Deus pai de todos e em Jesus, nosso irmão maior.

Charles de Foucauld também concluiu que, antes de pregar Jesus ao próximo, devemos ser prudentes, conhecê-lo primeiro, nos fazer amigos dele. Devemos olhar todos os humanos como irmãos bem-amados. Banir o nosso espírito militante, pois Jesus nos enviou como ovelhas no meio de lobos e para nunca pegarmos em armas.

Sua adaptação ao novo, às mudanças que o vento do Espírito Santo soprava, foi surpreendente. Ele tinha escrito "sem fantasias, como Jesus em Nazaré". Vestia uma roupa simples, que o distinguia de outros franceses. Parecia uma gandoura, mas com um cinto, sem nenhum outro sinal particular, sem Rosário, sem insígnias como quando ele chegou. Sem aquele coração encimado por uma cruz que representava uma espécie de pergunta a todos, uma espécie de sinal do amor que ele queria dar a todas criaturas de Deus. O único sinal visível da sua diferença era o seu comportamento fraterno e amigável para com todos os que conhecia, os militares franceses, os tuaregues, os árabes, os escravos. Ele desejava que, quando o vissem, pudessem dizer: "Veja como ele gosta de nós". É o único sinal legível que nos permite reconhecer quem ele é, e discípulo de quem é.

Como vimos, Foucauld nunca negou o fato de ser francês, e mesmo quando os representantes de seu país agiam de forma agressiva contra o povo que ele foi para amar – no meio do qual quis viver, pelo qual sacrificou sua vida – sua ação foi como a de um profeta, denunciando e apontando as falhas em todos os setores da sociedade. Sempre esteve do lado do bem e da verdade.

Charles de Foucauld permaneceu fiel a ele mesmo, a seu país, e tornou-se assim fiel na busca de Deus. É o caminho de Nazaré. Ele percebeu que o colonialismo é uma forma de dominação que limita as liberdades, considerando os povos incapazes de administrar a eles mesmos seus afazeres – o que ainda existe atualmente.

Na busca da verdade e do amor, que são o próprio Deus, ele nos ensinou a nos amar e permanecer no que somos, sem ter medo algum de sermos o que somos.

Que descobriu Foucauld a respeito de Nazaré? Nazaré é a cidade da fraternidade universal, um local que educa seus filhos cristãos e muçulmanos à fraternidade universal. Nessa maneira de ver Nazaré, ele não se comportou como alguém que veio de fora para ensinar, um estrangeiro que desejou nos passar conhecimento, mas alguém que nos encontra em nossa humanidade e nos trata de igual para igual.

Uma das folhas que chegaram com a ventania trazia a informação, assinada por Laperrine, de que Foucauld perdera os dentes incisivos. Por esse motivo, os tuaregues começaram a falar da mandíbula do marabuto, homenageando-o, como sendo um cume rochoso no meio do qual se encontra uma notável violação, que a lenda atribui ao golpe de espada de um gigante.

Podemos também citar o testemunho de Maladou, uma mulher do Dag-Ghali. Ela relatou duas memórias em sua velhice sobre Charles de Foucauld. Uma delas foi a do compromisso de ensinar tricô às mulheres e jovens; a outra era o pânico que sentiu após o assassinato dele – todos fugiram para a montanha, com medo de represálias do Exército Francês.

Lionel Galand encontrou, em documentos pessoais de André Basset, 26 cartas escritas pelo tuaregue Charles de Foucauld. Em qualquer caso, Foucauld transmite a imagem de um homem bem integrado no meio tuaregue, e a quem se deseja demonstrar afeto. Esse clima de familiaridade também se reflete em seu diário, no qual é visto se preocupando com o casamento de um, auxiliando o outro em seus últimos momentos e depois indo para o seu funeral. E muitas vezes fala com seus correspondentes franceses da afeição mostrada a ele por seus vizinhos tuaregues, do consolo que eles traziam.

Em outubro de 1917, em uma das cartas da Academia Francesa enviada a Rene Quatá, dizia que graças a um contato próximo e afetuoso trabalhava acima de tudo com os leigos franceses, pois eles podiam ser muito mais numerosos do que os sacerdotes e faziam um contato mais direto com as pessoas.

Isso lembra as recomendações de Foucauld quando mencionava Áquila e Priscila. Ele estava no meio de "populações muito dispersas", nas quais fez a sua "solidão": "Eles são muito distantes de sua mente e coração; são populações que ignoram Jesus", tão amado por Charles de Foucauld. E ele só pôde observar que há muito poucos missionários desse tipo: "Missionários isolados como eu são muito raros".

Foucauld ampliou radicalmente o objetivo de haver "missionários isolados". Apresentou, assim, os princípios universais de um trabalho missionário. O missionário deve aceitar o outro como ele é em todos os aspectos de sua vivência, deve tornar-se amigo de confiança, aquele amigo que é procurado quando estamos na dúvida ou tristeza. No que se refere ao afeto, à sabedoria e à justiça, construir essa confiança é muito importante.

> Quando os missionários chegarem a esse ponto, poderão fazer o bem às suas almas. É uma questão, seja com os muçulmanos ou com os cristãos, argelinos ou franceses, ou qualquer outro povo; ser aceito é o primeiro dever, um princípio fundamental. Esse é um pré-requisito obrigatório e é essencial dedicar-lhe um tempo considerável.

Essa proposta de missionário foi a sua vida. Cinco meses antes de seu assassinato, ele disse a Bazin: "Minha vida é estar tão integrado quanto possível". No coração de seu ato missionário havia esse respeito pelo tempo a ser usado tanto quanto necessário, talvez "séculos", e o tempo do respeito absoluto pela escolha do caminho do outro; pela bondade, pelo seu modo primário. Ele acreditava nesse dom para com o outro: o da amizade; um dom totalmente gratuito, aberto ao futuro em total liberdade do outro. Também percebeu profundamente que essa tarefa poderia ser melhorada quando o missionário estava sozinho, isolado, perdido no meio de uma população, que, portanto, não estava representando um grupo, necessariamente um certo poder, mas um único ser desarmado. A amizade na confiança foi para Foucauld a primeira proclamação do Evangelho.

Fraternidade significou, para ele, que todos, cristãos ou republicanos, têm de trabalhar para viver juntos com os outros e para avançar nesta terra comum. Esse "viver juntos" é um imperativo para todos.

Uma pequena e última folha que o vento trouxe... E ela veio assinada por Châtelard.

Uma das características principais de Foucauld foi o seu grande amor à Eucaristia. Sua vida praticamente foi motivada pela presença de um Deus que se fez homem e permaneceu entre os humanos, tudo por amor.

Dentre os mandamentos de Deus, ele escolheu o DEUS absoluto; entre os sacramentos, o que mais lhe chamava a atenção foi o da Eucaristia. Assim, enquanto estava na Trapa, disse: "Tanto quanto possível eu devo ficar aos pés do Santíssimo Sacramento: Jesus está lá...".

A certeza de sua fé na presença de Jesus na Eucaristia era tão forte que, quando aceitou ser padre e ir para o Saara, em 1900, foi somente para assegurar a presença da Eucaristia no sacrário onde ele iria se instalar.

Foucauld pensava em eremitas, eremitas adoradores. No entanto, a vida foi lhe ensinando e mostrando outros caminhos. Ele passou a não pensar em eremitas separados do mundo a adorar a Deus no seu Sacramento exposto; agora, queria irmãos, cuja vida exposta brilharia sobre o país como hóstias vivas.

E ele se esforçou para multiplicar as horas de exposição do Santíssimo Sacramento, mas a vida exigiu que saísse muitas vezes do local onde vivia. Assim, moveu-se longe do Tabernáculo com o pensamento: "Jesus, sob a forma de pobre, doentes, toda alma, está chamando-me em outro lugar". Não seria esta uma outra maneira de estar com Jesus, outra forma de viver a Eucaristia?

Os dias continuaram ensinando. Nem sempre o que aprendemos pode ser colocado em prática imediatamente. A mente é bem mais rápida que nossas ações. Cortarei essas contemplações e voltarei diante do Tabernáculo... "Há mais beleza no Tabernáculo do que em toda a criação."

No caminho de sua vida, porém, ele retornou a esse companheiro do sacrário e voltou só para a Hoggar. Voltou sabendo que não somente não poderia expor o Santíssimo Sacramento, mas que não podia sequer celebrar missa, porque não tinha assistente. Efetivamente durante seis meses, não celebrou a missa mais que uma ou duas vezes. A privação da eucaristia no tabernáculo durou seis anos.

Estas palavras que estão no Evangelho, "o que fizeres a um destes pequeninos é a mim que o fazeis", o impressionaram tanto que foram colocadas no mesmo plano que estas, que saíram da mesma boca: "Este é meu corpo". E elas transformavam sua vida continuamente, levando-o a procurar e a amar Jesus nesses "pequenos" serviços eucarísticos – a adoração do corpo de Cristo. Não se trata apenas da presença real de quem se dá para ser contemplado, comido e ofertado, mas é a presença real para um povo com uma vida perpetuamente exposta a todos os olhos e todos os riscos; trata-se de uma vida que se apresenta como um pão facilmente devorável. É por isso que queria se tornar "pequeno e acessível", ciente de que esta vida é a única Bíblia legível por todos, como o corpo daquele que se consagrou e que quer fazer da própria vida "uma hóstia viva para o louvor da glória de Deus".

Mesmo com uma mente mais rápida que seus atos, é admirável a sua capacidade de adaptação às novas situações. Essa capacidade só foi igualada pela sua fidelidade e submissão às leis da igreja.

Conclusão

"No dia em que não formos mais, de certo modo, um ponto de interrogação para os homens, podemos dizer a nós mesmos que cessamos de levar entre eles a presença do Grande Invisível."

Pablo D'Ors

Todo ser humano vive a vida como se estivesse dentro de uma tempestade. Para Foucauld não foi diferente. Dentro da tempestade, todo o movimento exterior e interior sofre solavancos inesperados. Uns, assustados, procuram abrigos e neles permanecem até o final de suas vidas. Outros saem nas tempestades, mas, sabendo do conforto da proteção que tinham, voltam ao local em que estavam. Outros saem na tempestade e se perdem na direção, porque na verdade não sabiam para onde ir. E, por fim, como é o caso de Charles de Foucauld, há aqueles que saem na tempestade provocada pelo Espírito de Deus e se deixam conduzir.

Essa orientação e sinalização do Espírito de Deus exigiu muito esforço, muitas idas e vindas das decisões tomadas e refletidas. Ele ouviu conselhos, muitos obstáculos apareceram, mas o principal é que sabia aonde queria chegar; para isso, estava atento a tudo que o rodeava, a todos que o cercavam, obediente às ordens justas segundo sua compreensão. Não teve medo ao sair de dentro dos redemoinhos, das tempestades, das enchentes e de tudo que envolve a busca humana da liberdade com esperança.

Em toda leitura deste livro, vimos que ele era um ser humano e buscou viver o ordinário, o mais comum do dia a dia, na imitação de seu Bem-Amado Jesus de Nazaré. Para perceber a importância desse caminhar na tempestade (ou foi empurrado pelo vento?), ele foi construindo seu saber humano e espiritual e a compreensão do Deus Amor-Misericórdia.

Primeiramente, aprendeu a viver em família e a rezar com seus pais. Ele teve uma família cristã exemplar. Mesmo ficando órfão cedo, a dor da separação, da morte, não o abalou de forma determinante por causa do amparo que recebeu da família. A família que o amparou, seus avós maternos, o colocou nas melhores escolas da época, pensando nas diferentes disciplinas escolares para a aprendizagem completa. Não permitiram que ele estudasse só aquilo de que gostasse.

Na sua adolescência, não foi barrado nas escolhas "erradas" que fez, estudando conteúdos que mais tarde viu terem sido prejudiciais nos momentos mais difíceis da tempestade que o movimentou. No entanto, nessas dificuldades, preservou sua fina educação, sofrendo punições injustas ao ajudar o próximo, ao ponto de deixar uma moça usar o seu nome familiar "viscondessa de Foucauld", gerando invejas e suspeitas de imoralidade. Esse solavanco recebido o fez tomar novos rumos.

Decidiu lançar-se, aos meados dos seus 20 anos, numa viagem de exploração, sem medo, correndo riscos mas firme na direção de seus objetivos: demarcar uma região do Marrocos. Queria viajar não para usufruir de turismo, mas para adquirir conhecimento. Não teve medo dos ventos, das lamas, dos galhos que poderia encontrar nessa exploração geográfica e topográfica. Para isso, aprendeu costumes judaicos e mulçumanos, a língua árabe e a viver com o mínimo e com poucos recursos pessoais.

Justamente nessa viagem de explorador e pesquisador aprendeu a beleza da hospitalidade. E, por esse motivo, percebeu que os tuaregues de sua vizinhança dariam as maiores doçuras e consolações, cuidando carinhosamente dele, mesmo que com ferro em brasa na sola do pé. E construiu com eles uma excelente amizade.

Percebeu também que os hajas, um dos povos da região, familiarizados com as coisas e os costumes dos países longínquos, queriam vê-lo, e isso era o grande bem que faziam as peregrinações à Meca, pois eles tinham sido bem recebidos na Argélia, portanto o acolhiam muito generosamente. Talvez por isso ele tenha insistido na ida de tuaregues para a França. Ver outras realidades e outros costumes contribui para entender as tempestades interiores do outro.

Entretanto, anos depois soube que estes que não aceitavam cristãos suspeitaram que o fosse, porém nada disseram, para não o condenar. A importância de estar em outra cultura e aceitar aqueles que fazem parte dela conduz à compreensão daquele que chega, do diferente, e se ele está sozinho logo se torna um deles. Pudemos ver as consequências do pensamento: "a semelhança é a medida do Amor", frase tão conhecida e que fica evidente nas relações com Sidi Edris.

Desgastado pelo movimento da tempestade, fisicamente esgotado, mas feliz, voltou ao seio da família para se refazer e organizar o aprendizado da viagem. Não viajou para fazer turismo, mas com o intuito de construir relações entre diferentes culturas e de muito aprendizado.

Disse que a família era o sol benéfico que fez nascer nele o anseio pelo bem e o desgosto pelo mal, a impossibilidade de recair em determinados pecados, ir à procura da virtude. Estava agradecido a Deus por ter almas boas que o cercavam, e mais agradecido por Deus permitir que ele enxergasse todo esse bem.

Quando, aos 28 anos, passou pela primeira conversão, percebeu que seu caminho era ser seguidor de Jesus e que ele o teria como único modelo. Lendo o Evangelho e tentando colocá-lo em prática, aprendeu que o amor não consiste em sentir que se ama; mas em querer amar. Quando se quer amar, ama-se... Quanto ao amor que Jesus tem por nós, já o demonstrou de infinitas maneiras porque nós acreditamos nele sem o sentirmos: sentir que o amamos e que ele nos ama seria atingir o paraíso; e o paraíso não existe aqui embaixo, salvo em raros momentos e exceções.

Essa decisão de escolher Jesus como seu único modelo se deu em um momento de reflexão. Ele redigiu o resultado dessa reflexão:

> Segue-me, apenas a mim... Não venhas a Betânia para me ver a mim e também a Lázaro; vem para me ver,

só a mim... Pergunta-me o que eu fazia. "Examina as Escrituras" (Atos, 11); observa os santos não para os seguires, mas para veres como me seguiram, e pega de cada um aquilo que achares que vem de mim, ou é imitação de mim... E segue-me, só a mim.

A convivência nos relacionamentos ensinou-o que era preciso sempre rir, mesmo quando dizem as coisas mais simples. O riso é um ato de caridade. O riso coloca bom humor no interlocutor. Aproxima os seres humanos e permite uma melhor compreensão entre as pessoas.

Herisson, que faleceu aos 93 anos, afirmou em suas observações que Charles de Foucauld conversava longamente sobre o método de Laperrine, o desenvolvimento e o tratamento que recebiam em Saint-Cyr. E lhe repugnava o rigor de enfrentamento dos nativos, por isso recomendava a paciência, a bondade, a alegria, e orientava a ficar longo tempo perto de um acampamento, mas não se misturar a eles. Deveria permanecer na periferia do acampamento, pronto a recebê-los. "Se pedirem para curar uma cabra, não estranhe."

Por outro lado, aprendeu com Herisson que a música para os tuaregues é importantíssima e que o treino de Herisson não era vadiagem.

Foucauld aprendeu a ser tolerante e a não fazer proselitismo. No Hoggar, fez somente um Batismo, do filho de um francês. Não converteu ninguém nem procurou converter alguém. Ele pregou com a vida a moral cristã e se impôs pela retidão de seu caráter, sua bondade, sua justiça em julgamentos e por agir gratuitamente. Esperou que, após a sua morte, os tuaregues tivessem uma mentalidade cristã e um respeito dobrado por um padre católico.

Convertido, Charles de Foucauld teve um impacto diante do trabalhador Jesus de Nazaré. Charles, o intelectual ativo, o seguiu no trabalho sagrado das mãos com o mesmo esforço que fez para estudar e pesquisar cientificamente. Seu diretor espiritual, Huve-

Conclusão

lin, teve discernimento para notar que se tratava de um instrumento duro para um trabalho duro. Por isso, nos momentos mais difíceis dentro das tempestades, Huvelin o orientou: "sofrer e calar", "confiar e esperar".

Outra característica de sua personalidade é a de ser inclinado para a amizade. Georges de Latouche a MacCarthy, em 14 de maio de 1883, disse que ele era uma criança lindamente dotada, de uma inteligência de elite e coração de ouro, o que se manifestou por um senso muito forte de família, levando-o mais tarde a considerar as relações humanas a partir da perspectiva da fraternidade familiar.

A delicadeza de sentimentos para com aqueles que o ajudaram esteve no ato de agradecer, como vimos no pedido que fez à sua prima, após os cuidados que tiveram com ele nas suas doenças em Tamanrasset. Antes disto, porém, ele presenteara sua professora de árabe, que lhe dera aulas gratuitas, com um lenço de seda; um pequeno tapete de Rabat para o seu cartógrafo parisiense; a Duveyrier, presenteou com um dos três cadernos de esboços da jornada no sul da Argélia e da Tunísia; e, para seu amigo Castries, deu o manuscrito de reconhecimento no Marrocos.

Após o sucesso de suas viagens, Charles de Foucauld também soube como manter uma verdadeira discrição e não demonstrou qualquer forma de orgulho, vaidade ou arrogância.

Percebemos também que, aquele que no seu primeiro desejo – após a sua primeira conversão – ficaria em um mosteiro, no silêncio e na clausura, fez muitos movimentos de viagens quando a tempestade de sua vida foi se finalizando.

Liautey nos diz que foi a Tamanrasset uma primeira vez em agosto de 1905, depois esteve lá de 6 de julho de 1907 até o Natal de 1908 e, então, de 11 de junho de 1909 a 2 de janeiro de 1911. Fez três viagens à França. A primeira, de 25 de dezembro de 1908 a 28 de março de 1909; a segunda, de janeiro de 1911 a maio de 1911; a terceira, de 27 de abril a 27 de setembro 1913. No eremitério de Asekerem, de 7 de julho a 13 de dezembro de 1913, após a 4ª estada em Tamanrasset, de 3 de maio de 1911 a abril de 1913. A partir de 29 de novembro de 1913, permaneceu em Tamanrasset. Morreu em 1º de dezembro de 1916.

Terminou a vida sem pertencer a alguma ordem religiosa, foi padre diocesano e ao mesmo tempo missionário, livre, da diocese de Viviers, autorizado a residir no vicariato apostólico do Saara. Com esse jeito de ser, segundo Bazin, iniciou um novo modo de viver a sua vocação, que poderíamos chamar de "paradoxal". Foi monge sem mosteiro, mestre sem discípulos, eremita entre as pessoas para as levar a Jesus. E, como fundador, escreveu várias Regras que só depois da sua morte dariam origem a novas famílias religiosas.

A maior conquista foi ter colocado as suas pegadas exatamente sobre as de Jesus. Charles de Foucauld ofereceu à Igreja e ao mundo um estilo singular de seguimento que se poderia chamar de "coincidência dos opostos": contemplação e ação, solidão (com Deus) e dedicação incondicional aos irmãos, aniquilação na cruz e amizade fraterna, heroicidade de vida e necessidade incontrolável de o anunciar aos outros.

Referências

ANTIER, J. J. *Charles de Foucauld*. Paris: Perrin, 1997.
ASÍ, E. *Deus em Nazaré: a face humana de Deus*. São Paulo: Loyola, 1995.
BAZIN, R. *Charles de Foucauld*. Paris: Librairie Plon, 1953.
_____. *Charles de Foucauld: explorateur Du Maroc, Ermite au Sahara*. Montrouge: Nouvelle Cité, 2003.
BOLETIN DE LAS FAMILIAS DE CHARLES DE FOUCAULD. *La eucaristia pan para uma viea fraterna)*, mayo-junio. Zaragoza: INO Reproduciones, S.A., 3/2000.
BOLETIN TRIMESTRAL. *Estuve tan cerca de Él, que olvide mi nombre (Husayn MansûrHallâdj)*, julio-diciembre. Zaragoza: INO Reproduciones, S.A., 2007.
BORAU, J. L. V. *Carlos de Foucauld e a espiritualidade de Nazaré*. São Paulo: Loyola, 2003.
BOUNOURE, G.; STÉTIÉ, S. *Louis Massinon*. Saint-Clément-de-Rivière: Fata Morgana. 2008.
BOUVIER, M. *Le Christ de Charles de Foucauld*. Paris: Desclée, 2004.
BREIS, B. *Francisco de Assis e Foucauld*. São Paulo: Paulus, 2017.
BULLETIN JESUS CARITAS. *Entendre Dieu chacun dans sa langue*. n° 272. Paris: Message Charles de Foucauld, 1998.
CARRETO, C. *Deserto na cidade*. São Paulo: Paulinas, 1978.
CARROUGES, M. *A aventura mística de Charles de Foucauld*. São Paulo: Livraria Duas Cidades, 1958.
CASAJUS, D. Charles de Foucauld face aux Touaregs. Rencontre et malentendu, *Terrain*, 1997, n° 28, 29-42.

_____. Charles de Foucauld face aux Touaregs, *Terrain* [En ligne], 28 mars 1997, mis en ligne le 25 mai 2007, consulté le 27 février 2018. Disponível em: <http://journals.openedition.org/terrain/3167>. Acesso em: 2 abr. 2022. DOI: 10.4000/terrain.3167.

CHANTAL, B. *Charles de Foucauld e Nazareth*. Digitalizado. s.d.

CHÂTELARD, A. *De l'exposition du Saint-Sacrament à une vie exposée. L'itineraire eucharistique de Charles de Foucauld*, 1993. (Recebido do autor por *e-mail*.)

_____. *Charles de Foucauld et les religions*, 1997. (Recebido do autor por *e-mail*.)

_____. *La mort de Charles de Foucauld*. Paris: Karthala, 2000.

_____. *Charles de Foucauld a Tamanrasset: Une vie fraternelle au cœur du monde*, 2005. (Recebido do autor por *e-mail*.)

_____. *Charles de Foucauld: o caminho rumo a Tamanrasset*. São Paulo: Paulinas, 2009.

_____. *Charles de Foucauld: une vie eucharistique sans le St Sacrement*, 2011. (Recebido do autor por *e-mail*.)

D'ORS, P. *El Olvido de si*. Valencia: Editorial Pre-textos, 2013.

DEBOUTE, E. *Charles de Foucauld: le frére universel*. Paris: Médiaspaul, 1981.

DES NEIGES, Abbaye de Notre Dame. *Charles de Foucauld: cette chère dernière place*. Paris: Cerf, 1991.

DFSCF: Diretório Fraternidade Secular Charles de Foucauld, 2006.

DIDIER, H. *Charles de Foucauld*. Braga, 1993.

DINAUX, Cne, 1907. Rapport de tournée du capitaine Dinaux, chef de l'annexe d'In-Salah, commandant la compagnie des Oasis sahariennes du Tidikelt (3 mai-29 octobre 1905), *Bulletin du Comité de l'Afrique française, Renseignements coloniaux*, n° 1, 11-19; n° 2, 42-51; n° 3, 62-72.

FOUCAULD, C. *Contemplation Foucauld Correspondences lyonnaises*.

_____. *Règle de Petit frère de Jesus*, 1896.

_____. *Le modele unique*. Marselle: Publiroc, 1946.

_____. *Écrits spirituels de Charles de Foucauld*. Paris: J. de Gigord, 1951.

_____. *Charles de Foucauld*. Chalet, 1957.

_____. *Oeuvres spirituelles*. Paris: Du Seuil, 1958.

_____. *Meditações sobre o Evangelho*. Lisboa: Livraria Duas Cidades, 1964.

_____. *Lettres à Mme de Bondy. De la Trappe à Tamanrasset*. Paris: Desclée de Brouwer, 1966a.

_____. *Lettres et carnets*. Paris: Seuil, 1966b.

_____. *Contemplation*. Beauchesne, 1969.

_____. *Voyageur dans la nuit*. Paris: Novelle Cité, 1979.

_____. *Qui peut resister a Dieu?* Paris: Novelle Cité, 1980.

_____. *Viaje a Marruecos. (1883-1884)*. Barcelona: Libros de Viajes, 1984a.

_____. *Carnets de Tamanrasset (1905-1916)*. Paris: Novelle Cité, 1986.

_____. *Considérations sur les fetes de l'année*. Paris: Nouvelle Cité, 1987.

_____. *Commentaire de Saint Mathieu*. Paris: Novelle Cité, 1989.

_____. *Carnet de Beni Abbes (1901-1905)*. Paris: Nouvelle Cité, 1993a.

_____. *Eu sou teu irmão*. São Paulo: Loyola, 1993b.

_____. *Correspondances sahariennes*. Paris: Les Éditions du Cerf, 1998.

_____. *Correspondances lyonnaises (1904-1916)*. Paris: Karthala, 2005.

_____. *Lettres à un ami de lycée*. Paris: Nouvelle Cité, 2010.

_____. *Gritar o evangelho*. Braga: Franciscana, 2013.

FOUCAULD, C.; MOTYLINSKI, A. C. *Textes touaregs em prose*. Aix-en-Provence: Édisud, 1984b.

FRAT. *Charles De Jesus*. Directoire. Paris: Seuil, 1961.

GANNE, G. *Tamanrasset oú le desert fertile*. Paris: S.O.S., 1975.

GORRÉE, G. *Les amitiés sahariennes du Père de Foucauld*. Paris: Arthaud, 1946, 2 t.

_____. *Sur les traces du Père de Foucauld*. La Colombe, 1953.

_____. *Charles de Foucauld*. Lyon: Editions du Chalet, 1957.

HAYET, M. *La mystique de Nazareth*. Madrid, 2011. (Artigo recebido por *e-mail*.)

HÉRISSON, R. *Avec le Père de Foucauld et le général Laperrine*, Paris: Plon, 1937.

HUVELIN, A. *Père de Foucauld: correspondance inédite*. Paris: Desclée & Cia., 1957.

IRMÃOZINHO BRUNO (73 anos e 30 de Frat.), p. 13-14, 'les nouvelles' n° 35 – 09/2012.

IRMÃOZINHO DE JESUS. *Como era a fé de Charles de Foucauld*, Argélia, 1971.

IRMÃOZINHO DE JESUS. *Uma conversão de Charles de Foucauld*, s.d.

IRMÃZINHA ANNIE DE JESUS. *Charles de Foucauld: nos passos de Jesus de Nazaré*. São Paulo: Cidade Nova, 2004.

JESUS, C. (Foucauld, C.) *Directoire*. du Seuil, Paris, 1961.

JESUS, F. C. *Oeuvres Spirituelles*. Paris: Seuil, 1958.

KERGOAT, L. *Charles de Foucauld et l'Islam. Politique et mystique*, thèse d'Etat. Université de Paris-Sorbonne, 1988.

LAFON, M. *15 dias de oração com Charles de Foucauld*. São Paulo: Paulinas, 2005.

LAPERRINE, H. Rapport du colonel Laperrine, commandant militaire du territoire des Oasis, sur sa tournée dans l'Ahaggar (24 février-20 avril 1910), *Archives du service historique de l'armée de terre*, Vincennes, Carton 1H 1086.

_____. Les étapes de la conversion d'un houzard, le Père de Foucauld, *Cahiers Charles de Foucauld*, 1948, n° 8, 143-155.

_____. Rapport du chef d'escadrons Laperrine, commandant militaire supérieur des Oasis sahariennes sur sa tournée dans le sud de l'annexe du Tidikelt du 14 mars au 3 juillet 1904, *Archives du service historique de l'armée de terre*, Vincennes, Carton 1H 1036.

LEHURAUX, L. *Au Sahara avec le Père Charles de Foucauld*. Alger: Baconnier, 1944.

LESOURD, P. *La vraie figure du Père de Foucauld*. Paris: Flammarion, 1933.

LYAUTEY, P. *Foucauld*. Universitaires, 1966.

MARTINE. *Irmãzinha do Sagrado Coração de Jesus. Eucharistie* – 2011. (Texto digitado e recebido *on-line* em jan. 2012a.)

_____. *Eucharistie* – 2011. (Texto digitado e recebido *on-line* em jan. 2012b.)

MASSIGNON, L. Foucauld au désert devant le Dieu d'Abraham, Agar et Ismael, *Opera minora*, Beyrouth: Dar-el-Maaref, 1963, t. 3, 772-784.

_____. *Écrits mémorables* (vol. 1). Paris: Robert Laffont, 2009.

NORD, P. *Le Père de Foucauld français d´Afrique*. Paris: Arthème Fayard, 1957.

NURDIN, M. *Frère Charles et les laïcs*. Toulouse, 15/03/2003. (Palestra proferida na diocese de Toulouse. Xerox.)

PANBDOLFI, P. *Le ventre et le dos. Parenté et résidence dans un groupe tributaire de l'Ahaggar: les Dag-Ghali*, These D'ethnologie Presentee A L'universite De La Reunion, 1995.

PERRON, M. C. *Charles de Foucauld*. Paris: Grasset, 1982.

PETIT, C. *O parceiro invisível*. São Paulo: Paulinas, 1982.

PICHON, C. *Charles de Foucauld: Le Houzard*. Paris: Les Editions de la Nouvelle France, 1945.

RABELLO, M. J. *O santo do deserto*. São Paulo: Agir, 1945.

REVUE DE L´ASSOCIATION MESSAGE DE CHARLES DE FOUCAULD. Chemins de conversion (n° 223, n° 224 e n° 225). Paris, 1986.

SALES, L. *O cristo de Charles de Foucauld*. São Paulo: Palavra & Prece, 2010.

SCANDIUZZI, P. P. *Charles de Foucauld: a mensagem para a vida do leigo*. São Paulo: Loyola, 2015.

SERPETTE, M. *Foucauld no deserto*. Lisboa: Fundação, 2002.

SIX, J. F. *Itinéraire Spirituel de Charles de Foucauld*. Paris: Editions du Seuil, 1958.

_____. *Charles de Foucauld hoje*. São Paulo: Paulinas, 1979.

_____. *Charles de Foucauld*. São Paulo: Loyola, 1983.

_____. *L'aventure de l'amour de Dieu*. Paris: Seuil, 1993.

_____. *Charles de Foucauld: o Irmãozinho de Jesus*. São Paulo: Paulinas, 2008.

_____. *Foucauld aprés Foucauld*. Paris: Du Cerf, 2016.

SIX, J. F.; SERPETTE, M.; SOURISSEAU, P. *Le testament de Foucauld*. Paris: Arthème Fayard, 2005.

SOURISSEAU, P. *Charles de Foucauld (1858-1916)*. Paris: Salvador, 2016. (*E-book Kindle*.)

VOILLAUME, R. *Charles de Foucauld et ses premiers disciples*. Paris: Bayard/Centurion, 1998.

VOILLAUME, R. *Fermento na massa*. Rio de Janeiro: Agir, 1958.

ZUBIZARRETA, I. E. *Irmão Carlos de Foucauld: ao encontro dos mais abandonados*. São Paulo: Loyola, 1999.

Edições Loyola

editoração impressão acabamento
Rua 1822 n° 341 – Ipiranga
04216-000 São Paulo, SP
T 55 11 3385 8500/8501, 2063 4275
www.loyola.com.br